ANNE PHILIPE

Nur einen Seufzer lang

Aus dem Französischen von Margarete Bormann

Verlag
Volk und Welt
Berlin

ISBN · 3-353-00107-7

6. Auflage
Lizenzausgabe des Verlages Volk und Welt, Berlin 1987
für die Deutsche Demokratische Republik
L. N. 302, 410/197/87

Originalausgabe: Le temps d'un soupir;

Printed in the German Democratic Republic
Einbandentwurf: Lothar Reher
Lichtsatz: Karl-Marx-Werk, Pößneck V15/30
LSV 7351
Druck und Binden: LVZ-Druckerei »Hermann Duncker«
Bestell-Nr. 646 164 6

00520

Die Trauer
ist der Übergang des Menschen
aus einer größeren in eine
geringere Vollkommenheit

Spinoza

I

Ich wache früh auf. Es ist noch Nacht. Mit geschlossenen Augen versuche ich, in den Schlaf zurückzufinden, doch ich sinke nicht tief genug. Ich bleibe an einem trostlosen grauen Strand, auf halbem Wege zwischen Wirklichkeit und Alptraum. Besser wäre es, Licht zu machen und zu lesen, um die Labyrinthe zu meiden, in die sich die Gedanken verlieren: Doch die Müdigkeit lähmt mich, und ich treibe leuchtenden Erinnerungen entgegen. Manchmal streife ich sie, und dann stürmen sie so heftig auf mich ein, daß ich sie einen Augenblick lang mit der Wirklichkeit verwechsle. Aber das Bewußtsein behauptet sich, und den Kopf dem Kissen zugewandt, das ich nach wie vor allabendlich rechts neben mich lege, gleite ich von Erinnerung zu Erinnerung, bis dein erstorbenes Gesicht vor mir erscheint, wie es sich dem leeren Platz an deiner Seite zuneigt, als das Leben dich verließ. Ich sehe deine offenen Augen, die Ruhe, die Abwesenheit deiner Züge, deine entspannten Handflächen, die mir augenblicklich bewiesen, daß weder Schmerz noch Angst dich bedrängt hatten. An jenem Tag, in allen Stunden, da ich dich betrachtete, deine kalte, langsam erstarrende Hand hielt und dein Gesicht streichelte, hatte ich das Gefühl, daß du auf unserem Bett ruhtest wie an einem Ufer, während ich, da ich lebte, wider meinen Willen von einer unwiderstehlichen Strömung fortgetragen wurde. Du warst für immer still, ich blieb noch eine Weile Bewegung. Der Tod trennte uns für alle Ewigkeit.

Ich öffne die Augen, mache Licht und kämpfe mit mir. Der Tag beginnt; eine freudlose Bahn zeichnet sich vor mir ab. Nur du sahst mich, nur ich sah dich. Heute lebe ich in einer blicklosen Welt. Mein Leben ist leer. Ich wußte, daß es so sein würde. Während all der Tage, von denen jeder der letzte sein konnte, sah ich dich an; ich wollte die Liebe sehen, und ich fand den Tod. Ich dachte: »Sieh auch du mich an, denn ich werde wenigstens die Erinnerung haben, du aber nichts. Alles wird vergehen, selbst dein Bewußtsein einer Erinnerung. Das Nichts. Du kehrst ins Nichts zurück.« Ich berauschte mich an deinem Anblick, ich ertrank in deinen Gebärden und deinen Blicken. Ich lächelte dir zu, um dein Lächeln entstehen zu sehen, ich küßte deine Hand, um zu sehen, wie du die meine küßtest, und ich sagte mir, nie, niemals werde ich das vergessen. Ich hätte gewünscht, daß jede Berührung eine Spur auf meinem Körper hinterließe, daß jede Zärtlichkeit den deinen vor dem Verfall bewahren könnte. Ich kämpfte gegen das Unmögliche. Ich war besiegt, weil du besiegt warst, du aber wußtest nichts von deiner Niederlage.

Ich möchte gehen, niemals stehenbleiben. Nur so scheint das Leben mir möglich. Ich liebte den Einklang unserer Schritte – er war die schönste aller Wirklichkeiten. Wohin wende ich mich heute, denn gehen heißt nicht nur, einen Fuß vor den anderen setzen. Wo liegt mein Ziel? Ich gehorche den Befehlen der Notwendigkeit: Leben und anderen zu leben ermöglichen. Das ist fast leicht, und nur so, indem ich die Dinge auf das Elementare zurückführe, kann ich vollbringen, was zu tun ist.

Mir ist wohl in der Winterstille, auf der kahlen, geruchlosen Erde. Ich bemühe mich, zu schlafen wie sie. In den Frühling würde ich zur Unzeit treiben. Die Sonne, die Knospen, die Düfte, der Gesang der Vögel würden mich überwältigen.

Was kann man beim Anblick der ersten Blume anderes tun, als sie lieben und ebenso einfach leben wollen wie sie?

Muß ich eine Zukunft hinnehmen, in der du fehlst? Ich gehe durch den Jardin du Luxembourg. Ich gehe die gleichen Wege wie vor zwei Jahren. Damals war es noch früh am Tag. Die Stühle standen verlassen da. Ein paar Schüler eilten vorüber. Der Springbrunnen schoß in das perlfarbene Morgenlicht, denn es regnete nicht wie heute, obwohl das Jahr sich schon dem Winter zuneigte. Es war der Tod für das Blatt, das der Wind vor sich hertrieb, und für die anderen, auf die ich trat. Andere würden nachwachsen. Aber konnte ich zugeben, daß andere Menschen geboren werden, wenn du stirbst? Ich ging auf den vertrauten, geliebten Wegen hin und her.

Jeder Baum ragte wie eine Gitterstange auf. Ich sagte dir alles, was wir uns nie mehr sagen würden. Ich sog die Luft langsam, mit vollen Zügen ein. Ich wagte nicht, mich zu setzen; innezuhalten ängstigte mich. Ich ging, als liefe ich ohne Ende durch die Welt. Ich atmete so, wie man nach einem schnellen Lauf trinkt. Ich suchte keinerlei Lösung, denn die Lösung war da. Sie war unerträglich. Das war alles.

Bis dahin hatte der Tod mich nie beschäftigt. Ich rechnete nicht mit ihm. Einzig das Leben war wichtig. Der Tod? Ein unausweichliches und zugleich ewig versäumtes Rendezvous, da sein Vorhandensein unser Nichtvorhandensein bedeutet.

Er stellt sich im selben Augenblick ein, da wir zu sein aufhören. Es heißt: er oder wir. Wir können ihm zwar bewußt entgegengehen, aber können wir ihn erkennen, und sei es nur für die Dauer eines Blitzstrahls? Von dem, den ich mehr liebte als alles, sollte ich für immer getrennt sein. Das »Nie wieder« stand vor unserer Tür. Ich wußte, daß kein anderes Band uns verbinden würde als meine Liebe. Wenn bestimmte empfindliche Zellen, die wir Seele nennen, fortbestünden, sagte ich mir, so konnten sie doch kein Gedächtnis besitzen, und unsere Trennung mußte endgültig sein. Immer wieder sagte ich mir, daß der Tod nichts bedeutet und daß nur die Angst, das physische Leiden und der Schmerz darüber, geliebte Menschen oder ein erst begonnenes Werk verlassen zu müssen, sein Nahen so furchtbar macht und daß dir das erspart bleiben würde. Aber nicht mehr auf der Welt zu sein!

Ich entdeckte das Unglück. Um dieses Nachtdunkel, dieses Pechschwarz, dieses unüberwindliche Gefühl des Versinkens und Erstickens wiederzufinden, mußte ich bis in meine Kindheit zurückdenken. Ich bin vier oder fünf Jahre alt. Ich bin mit meiner Mutter auf dem Bahnhof. Wir stehen Schlange vor dem Schalter. Als wir an die Reihe kommen, sagt meine Mutter: »Einmal hin und zurück und ein Kinderbillett, nur Hinfahrt, nach V . . .« Ich sehe den Mann nicht, mit dem sie spricht, aber ich höre sie und schmiege mich an sie. Ich erinnere mich nicht mehr, ob ich mich ihrem Körper näherte, aber heute noch ist mir gegenwärtig, daß mein Blut ihr zuströmte wie dem einzigen Hafen, der einzigen Geborgenheit auf der Welt. Wir sitzen im Zug. Ich kenne jede Station. Ich mache diese Fahrt nicht zum erstenmal. Ich weiß, was mich erwartet. Ich rechne mir aus, wie viele Stunden ich noch mit meiner Mutter verbringen kann, bevor ich sie für eine Zeit verlasse, die mir so lang erscheint wie das Leben selbst. Ich glaube, ich habe schon gelernt, nicht zu weinen. Aber in mir sitzt ein Krake, er preßt mir das Herz zusammen, steigt mir in die Kehle, und ich empfinde einen bitteren Geschmack. Ich bin ein Kind geschiedener Eltern wie so viele, der Einsatz, den zwei Wesen gegeneinander ausspielen, die sich einst geliebt haben und sich jetzt rächen wollen. Alles in allem also etwas sehr Alltägliches. Ich werde meine Zeit in der väterlichen Familie absitzen, nicht bei meinem Vater, sondern bei seinem Bruder und seiner Schwägerin. Der Zug hält: V ... Nur eine Viertelstunde bleibt mir zu leben. Wir werden eine Droschke nehmen, und darin werde ich mich fest an meine Mutter drängen. Das Pferd kommt nur langsam voran, denn die Rue de France verläuft bergauf und beschreibt einen weiten Bogen. Da ist die letzte Kurve. Ich sehe das Haus, es ist weiß wie die anderen und hat im ersten Stock einen »Spion«, in dem man – selber unbemerkt – beobachten kann, wer unten klingelt oder vorbeigeht. Ich habe noch Zeit, bis zwanzig zu zählen, denn der Wagen muß wenden, weil das Haus auf der linken Seite steht. Dann wird meine Mutter mich in die Arme nehmen, und ich werde sie inbrünstig küssen. Sie wird, ohne auszusteigen, mit derselben Kutsche zurückfahren, und ich werde ihr an der Seite meiner Tante ein geheucheltes Lebewohl zuwinken; während mein Herz zum Zerspringen klopft; ich weiß, ich habe gelernt, daß ich mir hier nichts anmerken lassen darf. Ich betrete das Haus. Links, das erste Zimmer, ist der Salon. Er wird nie benutzt. Sesselschoner, Teppiche und Wände haben dieselbe Farbe. Danach das Eßzimmer. Es geht auf einen kleinen Hof, von dem einige Stufen in den Garten führen. Aber das einzige, was ich dort sehe, meine Qual, ist der große Spiegel, dem ich während der Mahlzeiten gegenübersitze. Jedesmal, wenn ich aufblicke, höre ich: »Schau dich nicht immer im Spiegel an!« Ich senke den Kopf und kaue, ohne zu schlucken. »Iß!« Schweigen. Ein gräßliches

Schweigen, das nur vom Geräusch der Bestecke gestört wird. Mein Onkel und meine Tante reden nicht miteinander. Sie sind kein Paar, sie sind eine Ehe – eine kinderlose Ehe.

Ja, das war das Gefühl des Unglücks. Später lernte ich das Gefühl der Auflehnung und des Zornes kennen, aber ich war fest entschlossen, mir mein Glück aufzubauen.

II

»Wie lange noch?« hatte ich die Ärzte gefragt, als sie mich in den kleinen Raum neben dem Operationssaal baten.

»Einen Monat, im Höchstfall sechs.«

»Können Sie nicht etwas tun, daß er nicht mehr aufwacht, da er ja noch schläft?«

»Nein, Madame.«

Fünf Minuten vorher hatte ich mich von meinem Stuhl erhoben. Ich hatte mit unseren nächsten Freunden im Wartezimmer gesessen. Eine Krankenschwester war hereingekommen: »Madame X, bitte.«

Ich war ihr gefolgt und hatte gedacht: »Das ging aber schnell. Sie hatten von anderthalb Stunden gesprochen, und er ist kaum zwanzig Minuten oben.« Als ich die vier Ärzte in weißen Kitteln auf mich zukommen sah, hatte ich in ihren Gesichtern gelesen wie in einem offenen Buch. Der eine hatte mir wortlos einen Stuhl hingeschoben. Ich hatte verstanden. Ich erlebte meine Hinrichtung, aber der, der sterben würde, schlief nur wenige Meter entfernt.

»Wird er leiden?«

»Nein, er wird sehr wahrscheinlich an Erschöpfung sterben.«

Ich fuhr wieder hinunter. Es war derselbe Fahrstuhl, und anscheinend benutzte ihn auch dieselbe Person, aber in mir erlebte ich das Ende der Welt. Zu irgend jemand sagte ich: »Es ist aus.« Dann wurde ich ans Telefon gerufen, und ich begann zu lügen.

Etwas später ging ich in dein Zimmer, und du warst schon da; die Schwester brachte den Infusionsapparat an deinem linken Fuß an. Die Nasensonde behinderte dich beim Atmen. Du hättest genauso ruhen können, mit dem gleichen blassen und traurigen Gesicht eines Schlafenden, und alles wäre gut gewesen. Genau das hatte ich mir vorgestellt, wenn ich für Augenblicke Zuversicht faßte: drei schlimme Tage, und dann wieder ein ganzes Leben vor uns. Es waren drei schlimme Tage, und am Ende der Tod und bis dahin die Lüge zwischen uns.

Selbst wenn du schliefst, wagte ich

nicht, dich mit der Verzweiflung, dem Wahnsinn anzusehen, von denen ich besessen war. Ich zwang meinen Blick zur Ruhe, probte vor dir, dem Bewußtlosen, die Komödie, die ich dir vorspielen würde und die alles war, was mir von unserem gemeinsamen Leben blieb. Den letzten Blick ungetrübter Gemeinsamkeit hatten wir gewechselt, als die Schwester dich auf die Trage schob.

III

Acht Jahre ist es her. Es war ein Samstag. Draußen war es noch kalt. In Paris war vom Frühling noch nichts zu sehen, aber auf dem Lande spürte man ihn schon, trotz des grauen Himmels und der kahlen Bäume.

Wir fuhren nach einem kleinen Plan, den man uns in der Immobilienagentur gegeben hatte. Wir verfuhren uns ein paarmal, bis wir im Dorf ankamen und die große Gittertür verschlossen fanden. Wir folgten der Allee, und ganz im Hintergrund erschien das Haus, häßlich gelb und rot, in der Mitte von einer Freitreppe verunziert, die an ihm klebte wie eine Warze an der Nase. Nur das Dach aus alten Ziegeln wirkte elegant. Ein älterer Mann mähte Gras auf einer der Rasenflächen. Er kam auf uns zu. Er hielt sich gerade, ein bißchen steif, wie ein Kavallerieoffizier. Ich erinnere mich an seine sorgfältig gebundene Krawatte, seinen Zelluloidkragen und seinen Filzhut, an seinen klaren, leicht spöttischen Blick. Er musterte uns eindringlich und sprach in kurzen Sätzen.

Ja, das Grundstück sei schon zu verkaufen. Wir dürften es besichtigen. »Aber das Haus«, fügte er hinzu, »damit habe ich nichts zu tun. Wenn Sie wünschen, werde ich Madame rufen.« Madame, das war seine Frau. Er ging sie holen; sie kam und zog sich einen malvenfarbenen Schal fester um die Schultern. Sie begrüßte uns sehr höflich und bat uns, die Schlüssel in der Hand, ihr zu folgen.

Wir öffneten die Fensterladen und erforschten das Haus – schon spielte meine Phantasie. Jedes Fenster bot einen hochromantischen Ausblick. Das Haus würde das sein, wozu wir es machen würden; zwanzig Meter entfernt strömte der Fluß, Bäume standen da – Schweigen lag über diesem Flecken Erde. Hier würden wir die Liebe erblühen lassen.

Der Gärtner erwartete uns vor der Tür. Er ging mit uns zum Park, um uns die Bäume vorzuführen, blieb vor jedem einzelnen stehen, berührte den Stamm und machte uns auf die ersten Knospen aufmerksam.

»Die Kastanienbäume sind krank gewesen«, sagte er, »nur der eine nicht, der allein vor dem Hause steht und dessen Blüten so rot sind, daß sie die ganze Fassade erleuchten. Die Eiche da ist die schönste der ganzen Gegend, sehen Sie nur ihren vollkommen geraden Stamm, und dort oben die Zedernallee neben dem kleinen Birkenwald kannte ich schon, als sie gepflanzt wurde. Einer der früheren Besitzer hatte den Einfall – übrigens der einzige, der etwas von Bäumen verstand und sie liebte. Die anderen, die nach ihm kamen, waren mehr für Megève oder die Riviera. Das Land muß man kennen und lieben. Und Sie, lieben Sie das Land?«

»Ja, wir lieben es.«

»Für mich«, sagte er, »ist es das Leben. Aber ich bin nur der Gärtner, mich kann man vor die Tür setzen.« Dabei hatte er uns mit herrlichem Stolz in die Augen gesehen.

Von diesem Augenblick an hatte ich Monsieur B. ins Herz geschlossen. Im Gemüsegarten, der in drei Terrassen angelegt war, zeigte er uns die Obstbäume, erzählte uns von der Erde und zerdrückte einen kleinen Klumpen zwischen Daumen und Zeigefinger. Wir sahen uns die Karotten, den Salat, die Erdbeerpflanzen, die Thymianeinfassung der Beete und die Pfingstrosenbüsche an. Auf der anderen Seite der Kastanienallee erstreckte sich der verwilderte Teil des Parks, ein ausgedehntes, von Moos, Efeu und dürren Ästen überwuchertes Unterholz; dann folgten wir einem Weg, der an der Oise entlangführte.

Vom steilen Ufer aus winkten wir den Schiffern zu, die auf ihren Schleppkähnen vorbeizogen. Das Wasser interessierte Monsieur B. nicht.

»Kann man hier im Sommer baden?«

Die Frage mußte ihm lächerlich vorkommen. »Wenn Sie sich nicht davor ekeln, warum nicht. Manche Leute gehen rein, aber der Fluß ist voll Öl und toter Katzen.«

Am Rande einer Wiese zeigte uns Monsieur B. den Stolz seines Gartens: Bäume, die wie Hähne und Vögel gestutzt waren.

»Das ist vielleicht eine Arbeit! Man braucht Stunden dazu, einen Baum so zu beschneiden, und außerdem muß man was davon verstehen. Heute will kein Gärtner das mehr lernen, es ist zu schwierig.«

Etwas Abscheulicheres konnten wir uns nicht vorstellen; es war für uns der Gipfel der Unnatur, aber höflich und gerührt bewunderten wir seine Arbeit, so gut wir konnten.

Das war alles an diesem Tag. Als wir den Besitz verließen, blieben wir auf der Anhöhe stehen. Zwischen den noch schwarzen Feldern trug die Oise das Spiegelbild der Wolken davon, und ganz hinten, fast am Horizont, ragte der Kirchturm empor, von ein paar Häusern umgeben. Ein schöner Anblick. Uns erschien er wunderbar. Mich überkam der unwiderstehliche Wunsch, dir etwas zu sagen, aber ich schwieg, oder ich verschwieg zumindest die Hauptsache. Ich wußte noch nicht sicher, ob ich ein Kind erwartete, und wollte dich nicht an einem noch ungewissen Glück teilhaben lassen.

Nach vierzehn Tagen kamen wir wieder. Es war strahlender Frühling. Wir parkten den Wagen an der gleichen Stelle. Die Sonne stand schon hoch, und in der ländlichen Stille sahen wir, wie sie langsam den Nebel aufsog und das hinter den

Bäumen versteckte Dach des Hauses enthüllte, das wir eben gekauft hatten.

Jahre sind vergangen. Die Kinder sind da. Es ist ein Abend wie alle anderen. Ich warte auf dich. Ich kenne nicht nur das Motorengeräusch unseres Wagens, sondern auch deine Art, an bestimmten Stellen und je nach Stimmung Gas zu geben oder zu bremsen. Mit geschlossenen Augen lausche ich auf jedes Geräusch der Nacht. Da bist du. Du hältst an, um das Tor zu öffnen, das nicht mehr knarrt, du schließt es nicht, also bist du müde, die Reifen knirschen auf dem Kies, die Scheinwerfer tasten zärtlich die geschlossenen Fensterladen ab. Du sprichst mit dem Hund, steigst die Treppe hinauf und ziehst die Schuhe aus, um mich nicht zu wecken. Du kommst herein. Du bist da. Wir leben.

Das Haus schläft noch, als ich mich in den Garten schleiche. Es ist die schönste Stunde des Tages, die chinesische, wie ich sie nenne. Der Fluß schimmert unter dem leichten Nebel, Nachttau liegt auf dem Gras, die Rasensprenger drehen sich im Gemüsegarten und in der Rosenpflanzung, der Gärtner erntet Gemüse, und ich betrachte mit ihm die reifenden Früchte. Jeden Morgen sehe ich nach den Birken und Zedern, den Pfirsich- und Feigenbäumen und pflücke die Blumen der Jahreszeit. Wenn du aufwachst, werde ich dir von unseren Bäumen und Blumen berichten.

In einer Septembernacht kehren wir von einer langen Reise zurück. Niemand hat uns kommen hören, und der Hund hat nicht gebellt. Er bekundet seine Freude, indem er sich still an uns drängt. Wir setzen uns auf die kleine Steinmauer über dem Fluß. Das Licht des Vollmonds überflutet das weiße Haus und den Park, dessen Geheimnisse uns alle vertraut sind.

Jahrelang haben wir geahnt, daß wir auf unserer Liebe aufbauen könnten: Kinder, einen Beruf, Freundschaften, Häuser, und vielleicht dürften wir sogar mithelfen, eine bessere Welt aufzubauen. Die Zeit der Erfüllung ist gekommen. Als staunende Architekten stehen wir vor unserem Werk. In dieser Nacht, vielleicht, weil die Abwesenheit unsere Sinne geschärft hat und weil die Nacht so schön ist, entdecken wir, daß unsere Pläne Wirklichkeit geworden sind.

Als ich wußte, daß du sterben würdest, wußte ich zugleich, daß ich nie dorthin zurückkehren würde. Einmal jedoch tat ich es auf deine Bitte hin. Monsieur B. arbeitete wie das erste Mal, als wir ihn gesehen hatten; von demselben Rasen las er das welke Laub der rotblühenden Kastanie auf. Wir umarmten uns. Er fragte mich, wie es dir ginge. Es ginge dir gut. Du würdest kommen, sobald du aufstehen könntest.

Die Kinder spielten. Ich machte Tee, und während wir ihn tranken, sahen wir zur Allee hinüber, aus der früher dein Wagen auftauchte, wenn du kamst. Ich war zum letzten Male hier. Der Ort hatte seinen Zauber verloren. Was wir geschaffen hatten, würde ohne uns weiterleben. Wild lehnte ich mich gegen alles auf: gegen die Bäume, die Blumen, den Hund, die Vögel und mehr noch gegen die Dinge, die Wände, die Möbel, die Nippsachen und die wohlgeordneten Kleider im Schrank – die würden bleiben. Das ist die Rache der Dinge: kein eigenes, aber ein beharrliches

Leben haben sie. An diesem Nachmittag hätte ich es als gerecht und ganz in der Ordnung empfunden, wenn die Erde sich hier bei deinem letzten Atemzug aufgetan und alles verschlungen hätte.

IV

Ich erinnere mich an eine Nacht, die wir in diesem Garten verbrachten, in dem ich heute allein gehe und den ich zuweilen mit den Orten verwechsle, die ich seit deinem Tod stets gemieden habe. Es war Mitternacht. Wir waren als letzte aus dem Theater gekommen. Es schneite. Wir gingen Hand in Hand und hatten weder Neigung noch Bedürfnis zu sprechen. Wir liefen aufs Geratewohl, aber ohne Zögern. Nur wenige Wagen rollten langsam und lautlos vorbei. Die Straßen, so schien mir, waren verlassen, aber vielleicht war es unsere Liebe, die uns an jenem Abend entrückte. Wir waren der Nacht und dem Himmel nahe, weit weg von Paris. Wir kamen aus der Rue Vavin heraus, zum Jardin du Luxembourg. Du sagtest: »Wenn wir hineingingen?«

Wir kletterten über das Gitter und drangen in eine vollkommene Landschaft ein.

Der Schnee stob unter unseren Schritten auf. Wir waren glücklich und wußten es. Es war eine reine, ruhige Freude, die der Gewißheit entsprang, daß alles nur gut sein könnte. Du zogst deinen Mantel aus, und wir setzten uns darauf. In der Dunkelheit blickten wir einander an. Ich sah deine hellen Augen und deine schneefeuchten Wimpern. Gleich hinter den Gittern lag die Stadt um uns. Es schlug drei. Warum mußte ich plötzlich an das Unglück denken? Nicht an unseres – das schien mir in diesem Augenblick unvorstellbar –, aber an das der anderen. Gerade in diesem Augenblick starben Menschen, andere mordeten, Liebende quälten einander, Kinder weinten vor Einsamkeit, Männer und Frauen lagen auf ihren Betten und zogen die Bilanz ihres Elends. Weit weg von hier, in Indochina, rangen Männer mit dem Tode oder folterten andere. Seit Beginn des Lebens hatte dieses Spiel von Freude und Leid, Geburt und Tod nicht eine Sekunde aufgehört, und es würde fortbestehen – so lange wie die Welt. Wir saßen still, hatten die Arme verschlungen, die Köpfe aneinandergelehnt, und waren ganz von Glück erfüllt. Einer von uns sagte: »Wir wollen versuchen, Haltung zu wahren, wenn wir eines Tages unglücklich sind.« Der andere antwortete: »Das verspreche ich dir.«

Bei den ersten Geräuschen der Stadt brachen wir auf. Zu Hause suchten wir keinen Schlaf. Diese schlaflose weiße Schneenacht war so schön, daß ich keinen Augenblick davon verlieren mochte.

V

An manchen Tagen traue ich mir selbst nicht, ich bin ständig auf der Hut. Ich weiß, daß mir jeden Augenblick schwindlig werden kann. Ständig muß ich beschäftigt sein. Ich spiele Ameise. Denken verboten. Ein Ziel nur: Bis zur nächsten Stunde kommen und so von Stunde zu Stunde weitergehen, einen Punkt erreichen, der nicht von Leere umgeben ist. Aber das Böse ist zuweilen tückisch. Der Vormittag fängt gut an. Ich habe gelernt, ein Doppelleben zu führen. Ich denke, spreche und arbeite und beschäftige mich gleichzeitig mit dir, doch ein gewisser Abstand macht deine Gegenwart wohltuend, ein wenig verschwommen wie unscharfe Fotografien. In solchen Augenblicken mißtraue ich mir nicht, ich ergebe mich, mein Schmerz ist gehorsam wie ein gut zugerittenes Rennpferd. Plötzlich, innerhalb einer Sekunde, werde ich überführt.

Du bist da. Deine Stimme in meinem Ohr, deine Hand auf meiner Schulter oder deine Schritte im Flur. Ich bin verloren. Ich kann mich nur noch in mich selbst zurückziehen und warten, bis es vorbei ist.

Meinen reglosen Körper durchschießt ein Gedanke wie ein in Brand geschossenes Flugzeug. Nein, du bist nicht hier, du bist dort, im eisigen Nichts. Was ist geschehen? Mit welchem Geräusch, welchem Geruch, welcher geheimnisvollen Gedankenverbindung hast du dich in mich eingeschlichen?

Ich kämpfe mit dir, und ich bleibe klarblickend genug, um zu begreifen, daß gerade darin das Furchtbarste liegt, aber gerade in diesem Augenblick bin ich nicht stark genug, mich von dir überwältigen zu lassen. Entweder du oder ich. Die Stille des Zimmers dröhnt heftiger als der lauteste Lärm. In meinem Kopf ist Chaos, in meinem Körper Panik. Ich sehe uns in einer Vergangenheit, die ich nicht rekonstruieren kann. Mein Doppel löst sich von mir und tut wieder, was ich damals tat.

Ich durchschritt das Universum unserer Wohnung Zimmer für Zimmer, wie in

New York oder Paris ein Mensch umherlaufen könnte, der als einziger vom bevorstehenden Ende der Welt weiß. Das Ende der Welt: dein Tod. Und gleichzeitig empfand ich, wie unberührt die Welt ohne dich weitergehen würde.

Dennoch brachte ich es fertig, dem Alltäglichen nachzugehen. Wie konnte ich meinem früheren Ich gleichen? Ich betrachtete mich im Spiegel, wie es wohl eine glückliche junge Frau am Morgen nach ihrer Hochzeit tut. Nein, auf meinem Gesicht war nichts zu lesen. Der Kummer würde es später zeichnen, aber noch spiegelte sich auf ihm das vergangene Glück. Ich konnte beruhigt sein, du würdest nichts sehen. Meine Züge und mein Lächeln waren unverändert. Meine Bewegungen ebenfalls. Ich nahm ein Bad, und wir unterhielten uns von einem Zimmer zum anderen. Ich schloß die Augen, um dich besser hören zu können. Nie hatte ich dir so gelauscht, und ich wußte, daß dennoch eines Tages der Klang deiner Stimme mir entfallen und ich vergessen würde, wie du gesagt hattest: »Glaubst du, daß ich in vierzehn Tagen wieder baden kann?« Ich telefonierte. Ich dankte für die

Blumen, die man dir geschickt hatte. Ich erzählte, wie gut die Operation verlaufen sei, ich setzte mit dir zusammen die Antworten für die dringendsten Briefe auf, dann tippte ich sie ab und wandte dir dabei den Rücken zu, um mein Gesicht ein wenig zu entspannen. Ich schrieb Schecks aus, das Geld zerrann ... »Im März arbeite ich wieder«, sagtest du und fügtest dann hinzu: »Ich bin glücklich.« Das traf mich wie ein Peitschenhieb. War es ein Dolchstoß oder eine wunderbare Zärtlichkeit? Ich hinterging dich mit einem reinen Blick, der dich zum erstenmal belog. Ich führte dich an den Rand des Abgrunds, und man beglückwünschte mich. Ich schämte mich, aber ich tat es, weil mich irgend etwas, stärker, gebieterischer noch als das Verlangen nach Wahrheit, das bis dahin immer für mich bestimmend gewesen war, dazu trieb. Ja, in einem Monat wollten wir verreisen und uns erholen. Ein kleines Haus mit einem Holzbalkon, zu unseren Füßen ein Schneefeld, hinter uns der Wald, die im Sonnenlicht schimmernden Berge. Nein, nie mehr, nie. Zehnmal am Tage kam ich zu dir, um dir die Wahrheit zu sagen. Ganz leise wiederholte ich den ersten Satz; ich wußte, du würdest sofort verstehen: »Ich muß dir etwas sagen«, oder »Wir werden einander verlassen«, oder »Man hat dich belogen«. Warum, mit welchem Recht dir verbergen, was dich betraf, warum dich heimlich dort hinführen, wo du tapfer hingehen könntest? Ich wußte, daß du dich gestellt hättest. Und du sahst mich an: »Es geht mir gut, du bist nur für mich da, ich fühle mich wohl, ich habe keine Schmerzen.« Ich schwieg, ich verharrte reglos zu deinen Füßen, deine Hand lag auf mir. Ich schöpfte Atem und stellte mir vor, was diese Sekunden gewesen wären, wenn ich gesprochen hätte: Der Gedanke an den Tod hätte bis zum Ende an dir gehaftet, und für mich hätte es die furchtbare Erleichterung bedeutet, in deinen Armen weinend über unser Glück zu sprechen.

Ich sah deine Narbe an.

Sie belustigte dich. »Mein offener Magen!« Ich haßte sie, und sie faszinierte mich. Dort, zwei, drei Zentimeter von meinen Lippen entfernt, lebte der Krebs, der dich rasch besiegen, dich töten würde und von dem du nichts wußtest. Wieso sahst du nicht, was ich dachte. Mein Gesicht log ebensogut wie deine Wunde, die sich so unschuldig schloß.

»Seltsam, weißt du, dieses Gefühl, daß die Brust offen ist.«

»Ja, sicher; außerdem ist es ja deine erste Operation.«

»Wirst du deinen Kopf wieder auf meine Brust legen, wenn ich geheilt bin?«

Ich nickte bejahend. Aber nein, nie mehr, mein Liebster, oder erst nach deinem Tod. Ich lächelte dir zu, während ich das dachte. Ich hätte mir das Geschenk der Unwissenheit gewünscht, die Kraft, anhalten zu können, was nie anhält, weil es das Leben selbst ist – die Bewegung. Nein, ich wollte in jedem Fall auf mich nehmen, was in meiner Macht lag, denn wer den Tod erleiden, wer auf das Leben verzichten sollte, das warst du.

Du sahst mich mit dem matten Lächeln an, das von weit her kommt und in den Augen sowohl wie auf den Lippen sichtbar wird. Du hattest die Augen eines Kranken, die Iris bleich und verwaschen, gelblichgrün wie verdurstendes Schilfrohr und das Weiß ähnlich wie Perlmutt. Manchmal war dein Blick abwesend. Mein Ärmster, mein Liebster. Unsere Tage flossen dahin wie die Seine, aber du warst dem Ziel ganz nahe. Ein Erdbeben, ein abgestürztes Flugzeug, ein einbrechendes Dach – welcher gütige Unfall hätte uns zu demselben Punkt führen können, zur selben Zukunftslosigkeit?

Zuweilen trat ich ans Fenster, sah die Häuser an, die Vorübergehenden, die Wagen, die parkten, und überall las ich: *Er wird sterben* – nur das.

Ich legte mich auf das Fußende des Bettes, ich lächelte dir zu, und wirklich, in diesem Augenblick war ich glücklich, denn du warst da. Ich versuchte, den Augenblick herauszulösen, daraus eine Insel in der Zeit zu machen, doch das half nichts, gar nichts. Das Morgen war versperrt, ich war eingekreist. Mein Verstand, meine Gedanken stießen immer wieder an dieselbe Mauer: Sackgasse, Straße endet blind. Der Ausgang war, wie man sagt, tödlich.

Du stürztest dich auf jede Mahlzeit, während ich mich zum Essen zwingen mußte.

»Das Fleisch ist zäh«, sagtest du eines Abends, »es ist zu frisch.«

Zu frisch, das heißt getötet, tot, aber noch nicht lange genug. Am liebsten hätte ich mich übergeben.

VI

In Paris betrachtet man den Himmel selten. Sooft wir die Städte verlassen, finden wir ihn wieder. Den Gang des Mondes und der Sterne zu verfolgen ist für mich immer eine bedeutsame und beglückende Begegnung mit dem Weltall gewesen, dem wir angehören. Wenn wir uns trennten, gabst du mir ein Stelldichein auf einem Stern, und mir schien, ich sähe das Band unserer Liebe, einen leuchtenden Streifen, einen samtenen Pfeil, eine Feuerspur, die von uns beiden ausging, um sich im Orion zu treffen.

Oft habe ich, wenn ich nachts den Himmel betrachtete, meine Freude oder meinen Schmerz am eindringlichsten und auch am klarsten ermessen, bin mir am deutlichsten der Welt und des Platzes, den wir in ihr einnehmen, bewußt geworden, der Einsamkeit und der Vollkommenheit der Liebe. »Treu wie die Sonne dem Tag, wie die Turteltaube dem Tauber, wie das Eisen dem Magneten, wie die Erde ihrem Mittelpunkt«, sagte Troilus zu Cressida.

Nach deinem Tode habe ich monatelang den Himmel gemieden. In einer Sommernacht, am 28. August war es, habe ich ihn wiedergefunden. Ich betrachtete die Sterne, ich suchte einen bestimmten, den ich bald entdeckte. Allein und unbeirrbar zog er von Westen nach Osten. Menschenhand und Menschenverstand hatten ihn geschaffen, er hieß »Echo II«. Ihm verdanke ich, daß ich wieder zur Nacht fand. An jenem Abend blieb ich lange draußen und wartete auf seine Wiederkehr. Mir war, als hätte ich einen Sieg errungen. Des Algerienkrieges, der Deportationen und der Scheinprozesse hatte ich mich geschämt; ich war stolz, in einer Zeit zu leben, in der zum erstenmal Menschen in den Kosmos vordrangen. Doch ich stand mit leeren Händen da, wenige hundert Meter von dem entfernt, was von dir geblieben war. Die Welt, die jetzt im Werden war, würdest du nie kennenlernen. Unser Leben ging dich nichts mehr an. Und ich konnte den Gedanken nicht loswerden, daß mir die Entdeckung eines Mittels, das dich hätte retten können, lieber gewesen wäre als die schönste, den friedlichsten Zwecken dienende Rakete. Der Rosmarin duftete. Hunde bellten, und von der Landstraße drang Wagenrollen und Gelächter zu mir. Sooft mir Gründe einfielen, glücklich zu sein, empfand ich meinen Sturz noch stärker.

Ich muß es mir wohl eingestehen: Zum erstenmal überkommen mich die Erinnerungen; ich rufe sie herbei, ich bitte sie, mir leben zu helfen, ich wende mich wieder mir zu und durchforsche die Vergangenheit. Manchmal nehme ich dir übel, daß du gestorben bist. Du bist desertiert, du hast mich im Stich gelassen. Deinetwegen kann ich die grauen Himmel, die Novemberregen, die letzten goldenen Blätter, die schwarzen, kahlen Bäume nicht mehr ertragen, in denen ich sonst eine Verheißung des Frühlings sah. Ich meide die Morgen- und Abenddämmerung, ich muß mich dazu zwingen, die Sonne und das Licht des Mondes zu sehen. Ich war gelöst und ernst, jetzt bin ich schwer und schleppe mich dahin, statt mich aufzuschwingen. Alles ist mühsam.

Ich suche nirgends mehr dein Gesicht. Lange tauchtest du überall auf. Wie sollte ich einen Weg, eine Straße, ein Ufer finden, das wir nicht gemeinsam gekannt hätten? Ich mußte fliehen oder jedem Ort allein begegnen. In der Betriebsamkeit der Menge, in der Einsamkeit eines Waldweges sah ich nur dich. Mein Verstand wies diese Trugbilder von sich, aber mein Herz suchte sie. Du warst fern und nah. Stündlich fragte ich mich, nicht, wie es möglich sei, daß ich lebte, sondern einfach, wie mein Herz weiterschlagen konnte, nachdem deines stehengeblieben war. Manchmal hörte ich sagen, du weiltest unter uns. Ich widersprach nicht. Wozu streiten? Aber ich dachte bei mir, daß es für manche Menschen leicht ist, den Tod der anderen zuzugeben. Suchen sie sich ihrer eigenen Unsterblichkeit zu vergewissern? Ich habe dich zu sehr geliebt, um hinzunehmen, daß dein Körper verschwindet, und zu verkünden, daß deine Seele genügt und weiterlebt. Und wie soll man es anstellen, sie voneinander zu trennen und zu sagen: Dies ist seine Seele, und das ist sein Leib? Dein Lächeln und dein Blick, dein Gang und deine Stimme, waren sie Materie oder Geist? Beides, aber untrennbar.

Manchmal spiele ich ein schreckliches Spiel: Welchen Teil von dir hätte man dir nehmen oder verstümmeln können, ohne daß du aufgehört hättest, der besondere Mensch zu sein, den ich liebte? Welches war das Kennzeichen, wo die Grenze? Wann hätte ich gesagt: Ich erkenne dich nicht mehr?

Sich gegenseitig zu genau zu kennen tötet die Liebe, sagen mir manche, das Geheimnis sei für sie so unentbehrlich wie für das Korn die Sonne. Aber das Geheimnis braucht nicht gehütet zu werden, es pflegen hieße seine Hinfälligkeit anerkennen. Man muß es angehen, sich bemühen, es aufzulösen. Je weiter wir in die Welt der Erkenntnis eindringen, desto deutlicher werden wir merken, daß das Geheimnis bleibt.

Ich sehe dir beim Schlafen zu, und die Welt, in der du bist, das Lächeln um deine Mundwinkel, das unmerkliche Zucken deiner Wimpern, dein nackter, wehrloser Leib sind Geheimnisse.

Ich schwimme neben dir im lauwarmen, durchsichtigen Wasser, ich warte darauf, daß du im Türrahmen unter der Glyzinie erscheinst. Du sagst mir guten Morgen, und ich weiß, welches deine Träume gewesen sind, welches deine ersten Gedanken am Rande des Schlafes, und dennoch bist du Geheimnis.

Wir sprechen: Deine Stimme, deine Gedanken, die Worte, mit denen du sie ausdrückst, sind mir die vertrautesten der Welt. Jeder von uns kann den Satz beenden, den der andere begonnen hat. Und du bist, wir sind Geheimnis. Das Lächeln der Mona Lisa ist weniger geheimnisvoll als die nebensächlichste deiner Gebärden. Zuweilen – und das sind Sternstunden, die an die Vollkommenheit der Welt glauben lassen – ist jede Distanz aufgehoben. Dann ertappe ich mich bei dem Wunsch, zu sterben, damit diese Vollendung für immer fortbestehe. Aber anscheinend begeht man nur angesichts der Niederlage Selbstmord, und das Glück treibt uns zum Leben. Irgendwie begreife ich, daß wir, wenn wir einmal das Vollkommene erreicht haben, den Wunsch verspüren, nicht mehr in das Auf und Ab des Kampfes zurückzufallen. Wir sind Gott gewesen, wir wollen nicht wieder Mensch werden.

Die Liebe: Eine Quelle, Ursprung einer Quelle, die Welt wird fruchtbar, sie ist Staunen, Gefühl des Wunderbaren und zugleich des schon Vertrauten, eine Rückkehr ins verlorene Paradies, die Versöhnung von Körper und Geist, die Entdekkung unserer Kraft und unserer Hinfälligkeit, die Bindung an das Leben und dennoch die Gelassenheit dem Tode gegenüber, eine auf ewig offenbarte Gewißheit, dennoch unbeständig und fließend, die täglich neu erobert werden muß.

Du warst meine schönste Bindung an das Leben. Du bist meine Erkenntnis des Todes gewordene Wenn er kommt, werde ich nicht das Gefühl haben, wieder mit dir vereint zu sein, sondern das Gefühl, einen mir von dir her vertrauten Weg zu gehen.

VII

Ich wende mich wieder dem Himmel zu, den ich so gerne betrachtete. Nicht die geringste Spur von Blau. Düstere graue Wolken jagen über die Dächer dahin wie ein Heer in wilder Flucht.

Die Sonne ist heute wie das Glück, verborgen, aber gegenwärtig. Ich suche den azurblauen Himmel, das goldene Zeitalter. Ich muß neue Anlässe zur Freude finden. Muß wieder hell werden, die Nacht zurückdrängen, dich in mir bewahren. Ich bemühe mich um dieses neue Gleichgewicht und finde es zuweilen, dann entgleitet es wieder. Ich weiß nicht, warum ich so hartnäckig darauf bestehe. Ist es das alte Gesetz der Welt: sich anpassen oder untergehen?

Aufgeben wäre feige. Ich sehne nur die Heilung herbei. Heute morgen, während ich durch den Jardin du Luxembourg gehe, suche ich mich selbst, wie früher, als ich durch die Wüste lief. Damals konnte ich der Erinnerung freien Lauf lassen. Irgendwo, Tausende von Kilometern entfernt, warst du. Weder Abwesenheit noch Distanz bedrückten mich. Wir klangen zusammen wie zwei Stimmen einer Fuge, und nichts konnte das beeinträchtigen. Es gab dich, mich und jenes »wir«, das nicht nur du *und* ich war, das im Entstehen war, das über uns hinauswachsen und uns beide enthalten würde.

Die Wüste läßt der Phantasie mehr Freiheit als jene andere Landschaft. Ein Baum am Rande der Piste, ein Vogelpaar am Himmel bekunden dort mehr vom Leben als ein noch so grünes Tal. Ich sprach mit dir, oder wir ritten schweigend nebeneinanderher. Wenn mein Traum verblaßte und ich mich deiner Gegenwart beraubt wiederfand, verspürte ich keine Traurigkeit. Du existiertest, wir waren uns begegnet, anderes war gleichgültig. Wir waren noch nicht aufeinander abgestimmt, noch blieb alles zu gestalten.

Ich formte mein Schicksal und wurde von ihm geformt. Ich fühlte mich stark, weit über Gefühle hinaus. Ich hatte den Ehrgeiz, klar und intelligent und auf jedes

Ereignis gefaßt zu sein. Ich wähnte mich außerhalb des Kreislaufs »Unglück – Glück«. Ich wußte nicht, daß das Glück selbst mir diese Sicherheit gab. Ich atmete es ebenso unbefangen ein wie die Luft.

VIII

Ein Krankenpfleger kam ihn holen. Er ließ ihn aus dem Bett auf die Trage gleiten. Wir sahen uns an. Man wollte nicht, daß ich mit ihm ging. Ich blieb an der Türschwelle. Der Pfleger verdeckte mir den Blick auf ihn. Ich hörte seine Schritte und das Rollen der Trage, aber mir war, als würde sie nie das Ende dieses langen, glänzenden Korridors erreichen.

In gewissem Sinne hatte ich dich jetzt für immer verlassen. Dieser Anblick – du in eine Decke gehüllt – war für mich der letzte Augenblick des Glücks. Kaum eine Stunde später fand ich dich schlafend, das Haar wirr, das Gesicht bleich. Was ist Zeit? Ist sie diese Wanduhr, die eine Stunde mehr anzeigte, oder dieser unabwendbare Bruch? Die Erde hatte geschwankt. Millionen von Jahren lagen zwischen den beiden Bildern von dir. Du schliefst, und doch wagte ich nicht, dich anzusehen, ich warf dir nur kurze, verstohlene Blicke zu. Ich rührte mich nicht; Schwestern und Ärzte kamen und verschwanden, sie gingen ihrer Arbeit nach, und ich wünschte deinen Tod. Schnell sollte er kommen, wie ein Blitz oder wie ein Dieb. Das war also die Liebe? Zu allem bereit sein, damit du lebst, und eine Stunde später deinen Tod herbeiwünschen. Ich hatte eben noch darum gefleht, daß man dich nicht weckte. Was war gut, was böse?

Die Nacht verrann Tropfen um Tropfen. Ich lag auf dem Bett und starrte an die Decke. Auf sie projizierte ich meine quälenden Gedanken.

Er wird sterben, er wird sterben.

Ich kämpfte, bis mir alles weh tat, ich stieß den Feind zurück, er zermalmte, erstickte mich, warf mich zu Boden. Ich stellte mich ihm, trieb mir den Gedanken in Kopf und Fleisch und tauchte mit ihm bis zum Mittelpunkt der Erde hinab. Ja, er wird sterben. Er wird verwesen. Das gilt es zu wissen, zu erkennen. Vielleicht würde es mir helfen, den Kopf zur Seite zu wenden. Die Wand war weiß, noch stand nichts auf ihr geschrieben. Sie war ein unbeschriebenes Blatt. Ich wollte ein unbeschriebenes Blatt wie gestern, wollte vierundzwanzig Stunden zurückgehen. Ich machte den ganzen Weg noch einmal. Du wirst operiert werden. Wir sind allein im Zimmer. Draußen geht der Gärtner schweigend hin und her. Unsere Füße berühren sich auf deinem Bett. Deine rechte Hand hält meine linke. Nur wenn wir die Seiten in unseren Büchern umschlagen, lassen wir uns los. Welche Stille! Manchmal schlummerst du ein wenig ein und wendest mir deinen Kopf zu. Es ist drei Uhr, zwei Stunden bleiben uns.

»Ich will nicht, daß du da bist, wenn man mich wieder hinunterbringt; man ist häßlich, wenn man gerade operiert worden ist und noch schläft. Versprichst du mir, daß du nicht dasein wirst?«

»Nein, ich bleibe nebenan, aber häßlich wirst du nicht sein. Ich sehe dich doch auch, wenn du schläfst.«

»Das ist nicht dasselbe.«

»Gut, ich verspreche es dir.«

Der Pfleger kam und brachte dich fort. Ich machte Ordnung im Zimmer. Weit öffnete ich das Fenster. Der Himmel hing tief und schwer wie Schiefer. Ich ging in das Wartezimmer. Man rief mich. Ich fuhr mit einer Schwester im Fahrstuhl hinauf. Sie öffnete die Tür und bat mich in einen sehr kleinen Raum, in dem ich nur Stühle sah. Ich hörte Schritte, die vier Ärzte traten ein. Der eine schob mir einen Stuhl hin. Ein Schweigen entstand. Ich sah sie an. Wer von ihnen hat gesprochen? Wer hat mir fest in die Augen geblickt?

Genau vor dieser Sekunde muß man das Schicksal beschwören, die Zeit anhalten. Es gibt keine weißen Wände mehr. In jedem Winkel, auf der abgeblätterten Farbe, auf der Lampe, in den Lichtstreifen, die über der Tür eindringen, überall steht geschrieben: ER WIRD STERBEN.

Du warst neben mir, in einer unerreichbaren Welt. Du schliefst, du warst verurteilt worden, und ich war der Komplice des Henkers. Wie ich gehört habe, läßt man in Schlachthöfen immer ein Tier am Leben, das seine Artgenossen zum Marterort führen muß. Was konnte ich anderes tun?

Bis zum Morgen hatte ich Zeit, mich gehenzulassen und mich meinen inneren Kämpfen, meinen Bedenken hinzugeben. Der Tag kam herauf. Ich mußte mit ausgeruhtem Gesicht vor dich treten. Immer hatte ich gewußt, daß große Entschlüsse in wenigen Sekunden gefaßt werden. Ich wollte einem einzigen Gesetz gehorchen: dein Glück oder sein eindeutiges, jähes Ende. Mit Händen und Füßen würde ich darum kämpfen, daß kein Leid, keine Angst zu dir dränge. Nur so weit würden meine Kräfte reichen. Ich wollte, daß du weiterhin die Freude empfändest, die wir erlebt hatten. Erst nachher würde ich mir Fragen stellen. Ich wurde nicht zwischen Instinkt und Vernunft hin- und hergerissen. Das Unglück war in mein Leben getreten. Alle Empfindungen, alle Gefühle waren von ihm gefärbt. Es entstellte mich. Eines Tages würde ich vielleicht wie früher glauben können, daß Glück und Unglück in gleichem Maße zum Leben gehören und daß man darauf gefaßt sein muß, das eine wie das andere hinzunehmen. Lag darin die Weisheit?

Er hat die ganze Nacht und den ganzen Morgen geschlafen. Nur für wenige Augenblicke ist er zu sich gekommen. Er blickte mich an, aber ich weiß nicht, ob er mich wirklich sah, dann versank er wieder.

Dein erster Blick. Er tauchte aus einer anderen Welt empor, die er fliehen wollte, und klammerte sich an meinen. Mein Verrat begann: »Alles geht gut.«

Du hast gelächelt, geblinzelt und meine Hand berührt. Von diesem Augenblick an wurde es ganz anders, als ich es mir vorgestellt hatte: mir war nur in deiner Nähe wohl. Der Bereich des Schattens zog sich um uns zusammen, aber daß du da warst, scheinbar unversehrt, daß du nichts wußtest, gab mir ein Gefühl der Sicherheit. Du halfst mir, ohne es zu wissen; dein Glück zwang mich zur Täuschung. Mir blieb kein einziger Augenblick, mich zu dukken, meine Augen vor der Welt zu verschließen. Ständig spaltete ich mich. Man hatte mir gesagt, ein allzu großer Schmerz betäube. Das stimmt nicht, ich bin nie so empfindlich gewesen für alles, was mir begegnete. An jenem Abend ging ich nach Hause. Schallendes Kinderlachen empfing mich.

Die Unschuld sollte verwundet werden. Und auch dagegen vermochte ich nichts. Dein leerer Platz am runden Tisch. Unser Bett. Ob du darin sterben würdest? Doch was lag an dem Ort? Das Ungeheuerliche war, daß du sterben mußtest. Ich würde allein sein, daran hatte ich noch gar nicht gedacht. Die Einsamkeit: nicht sehen, nicht gesehen werden. Ich ging in die Klinik zurück. Du erwartetest mich. Du lebtest noch, und auch morgen würdest du dasein, und unser erster Blick würde dem anderen gelten. Ein schreckliches Wort kam mir auf die Lippen: ausnutzen. Zum ersten Male hörte ich es dröhnen. Die letzten Sonnentage »ausnutzen«, den Ausverkauf »ausnutzen«. Wie häßlich war dieses Wort, wie gierig und geizig.

Ich wartete, bis du einschliefst, und dann verlor ich zum ersten Male das Bewußtsein wie ein weidwundes Tier.

Am nächsten Tage wachte ich sehr früh auf. Ich lauschte deinem Atem. Eines Tages würde ich ihn nicht mehr hören. Ich wollte nicht in den Sumpf versinken. »Er wird sterben, er wird sterben«, wiederholte ich mir, »morgen oder in vierzehn Tagen; das gilt es zu begreifen: es gibt nur einen tödlichen Ausgang.« Mir nichts vormachen. Begreifen. Dann vergessen, daß ich begreife, und dem Alltäglichen nachgehen. Nicht innehalten – aufstehen, duschen, Zähne putzen, an die Kinder denken, die in die Schule gehen.

Als du aufwachtest, wurde alles leichter: wir waren zu zweit. Für wie lange noch, darüber wollte ich nicht nachdenken. Die Sekunden schienen mir Stunden, die Tage kurze Augenblicke. Was war unser Leben, gemessen am Lauf der Welt? Es währt kaum einen Seufzer lang. Die Geschichte der Menschheit ist die Summe all jener sich seit den Ahnen der Urzeit aneinanderreihenden Existenzen. Du würdest bald, ich würde ein wenig später sterben. Wir würden ein Glied in der Kette gewesen sein.

IX

Eines Morgens, vier Tage nach der Operation, kam ein Pfleger herein und schlug dir vor, ein wenig zu gehen. Du erhobst dich mühsam, ich half dir in deine Pantoffeln. Dein Körper wirkte ungewöhnlich lang, du verschwandest fast in deinem Pyjama. Der Pfleger und ich stützten dich von beiden Seiten. Wußte er etwas? Wußte er, daß ich wußte? Ich wollte kein Einverständnis mit anderen. Zuerst gingen wir ans Fenster, um in den Garten zu sehen.

Du sagtest: »Wie schön wird es, wenn wir das erstemal wieder aufs Land fahren.« Ich riet dir, dich wieder hinzulegen, denn ich ahnte, was du tun würdest, und so kam es auch. Du gingst ins Bad und betrachtetest dich im Spiegel. Was hätte ich darum gegeben, wenn das Licht trügerisch gewesen wäre! Du mustertest dich und fuhrst dir mit der gewohnten Bewegung durch das Haar, den Kopf leicht vorgeneigt, mit aufmerksamem Blick. Ich kam dir zuvor: »Man kann nicht gerade behaupten, daß du wohl aussiehst.«

»Nein, das kann man nicht.«

»Das kommt daher, weil du stehst. Aber ich gebe dir meinen Spiegel, du wirst sehen: wenn du im Bett liegst, hast du frische Farben.«

Das stimmte. Sobald du dich hinlegtest, strömte das Blut wieder in dein Gesicht, du schienst ausgeruht, und nur deine zu blassen Augen beunruhigten mich.

Du gingst wieder ins Bett.

Ich betrachtete dich wie vor fünfzehn Jahren, als wir einander zu lieben und zu entdecken begannen. Mein Blick war unbefangen, mir schien, als sähe ich dich zum ersten Male. Unsere einfachsten und alltäglichsten, unsere intimsten und schönsten Gesten kamen mir mit dem Vorgefühl des Unwiederbringlichen wieder in Erinnerung. Ich kannte alle, die schon der Vergangenheit angehörten. Nie wieder würdest du ein Holzscheit aufs Feuer legen oder die Kinder auf die Schultern nehmen. Aber noch konnte ich dich sehen, wie du die Seiten eines Buches umblättertest, meine Hand nahmst, einen Brief schriebst. Doch fast alle deine Bewegungen waren schon von der Krankheit gezeichnet, von ihr verändert; du gingst langsam, leicht gebeugt, beim Rasieren hieltest du ein- oder zweimal inne, setztest dich vorsichtig im Bett auf, dich mit den Armen stützend.

Ach, mein Geliebter! War es der nahende Tod, der jeder deiner Bewegungen, ohne daß du es ahntest, soviel Bedeutung verlieh? Nein, gewiß war ich es, weil ich wußte und sie deshalb mit anderen Augen beobachtete. Abends sah ich dich schlafen; dein Gesicht blieb unbeweglich, aber an deinem Hals sah ich das Blut pulsieren. Würdest du nachher auch so aussehen? Heute lebtest du. Ein Tag war gewonnen. Wie würde der Tod kommen? Was wäre sein Zeichen? Ich lauerte darauf, aber ich drang in eine Welt ein, die ich nicht kannte. Würde ich zu lesen verstehen? Du warst meine Sphinx, aber du kanntest die Frage nicht, die du mir stelltest. Ich fragte dich aus, ohne daß du es wußtest. Erstaunt sah ich dir beim Essen zu; mir wurde nicht klar, ob du dich dazu tapfer zwangst, um schneller zu genesen, aus Angst vor der Schwäche, die du vielleicht verspürtest, oder ob deine Jugend dich noch auf der Schwelle des Todes zu einem hungrigen jungen Wolf machte.

Ich wußte nicht, ob du die Klinik lebend verlassen würdest. Oft blickte ich die weißen Wände an, vor denen mir graute, und fragte mich, ob uns dein Tod wohl hier überraschen würde. Nein, es ging dir gut, und eines Morgens sagte man uns, wir könnten nach Hause zurückkehren.

Ich packte unseren Koffer. Es war schönes Wetter, und wir blieben ein paar Minuten am Fenster stehen. Ich gehöre nicht zu den Frauen, die weinen. Das Zimmer war wieder so anonym geworden wie am Tage unserer Ankunft, nur eine entblätterte Rose starb im Zahnputzglas dahin. Der nächste Kranke konnte kommen. Das also war das Schicksalszimmer. Ich hätte gewünscht, du schliefest, aber du warst voller Pläne und batest mich noch einmal, das Haus in den Bergen zu beschreiben, in dem wir bald wohnen würden.

Es würde am Waldrand liegen, der aufgehenden Sonne zugewandt. Ski laufen würdest du nicht, aber wir würden einen Schlitten mieten und uns in Pelzdecken hüllen, die leicht nach Pferd riechen. Wir würden unter schneebeladenen Bäumen spazierengehen und blaue Eichhörnchen zähmen. Unsere Mahlzeiten würden wir auf dem Holzbalkon einnehmen und abends den Himmel und das Dorf zugleich aufleuchten sehen. Du würdest sechsmal am Tage essen und Sonnenbäder nehmen.

Du setztest dich auf das Bett, und ich half dir beim Anziehen. Du trugst den gleichen Anzug wie am Tage unserer Ankunft. Die Hose rutschte dir auf die Hüften, und zwischen dem Kragen und deinem Hals hatten drei meiner Finger Platz.

Ich sah dich den Flur entlanggehen. Du tratest aus der Tür und bliebst einen Augenblick oben an der Treppe stehen. Du atmetest tief und blinzeltest im grellen Sonnenlicht. Ich dachte an einen Stier, der in die Arena tritt. Wir waren zu viert im Wagen. Du setztest dich vorne hin, ich auf den Rücksitz. Ich sah dein Profil ein wenig verschwommen. Wie schön war Paris, wie herausfordernd und zärtlich. Ich versuchte, mit deinen Augen und mit deiner matten Freude zu sehen, aber ich sah nur deinen Nacken, von Haaren verhangen und zart wie ein junger Birkenstamm. Genauso hatte er ausgesehen, als du zwanzig warst. Wenn du mit dir unzufrieden warst, gingst du allein voraus und peitschtest das hohe Gras mit einem am Wegrande aufgelesenen Zweig. Nach einer Weile kamst du zu mir zurück, legtest mir die Arme um die Schultern, und wir lachten schallend. Aber das Lachen durfte keine Minute zu früh kommen, sonst hättest du dich verschlossen wie eine Muschel. Das alles lag weit zurück. Wir befanden uns am anderen Ende des Weges.

Du strecktest den Arm über die Rücklehne und bewegtest die Hand, damit ich sie streichelte. Wie mager und blaß du warst. Paris. Paris! Wohin gingen die Leute? Warum hatten sie es so eilig? Ich sah Fußgänger und Wagen bei den roten und grünen Ampeln, in unerbittlichem Reigen, im Rhythmus, ohne eine Sekunde zu verlieren. Keine Launen. Diszipliniert sein war alles. Dieser Fußgänger würde vielleicht heute abend sterben, oder er war vielleicht von einer Krankheit befallen, von der er nichts wußte. Was machte das schon! Der Tod steht immer vor unserer Tür. Man darf es nur nicht wissen. Nicht daran denken. Zusehen, wie die Seine fließt und die Sonne auf den Brücken spielt, verweilen, schauen, sich weder um Glück noch um Unglück, weder um Vergangenheit noch Zukunft kümmern. Den Augenblick leben.

Es war unsere letzte Reise, dein letzter Besuch der Stätten, die wir liebten. Nie wieder würden wir zusammen durch Paris gehen, nie wieder das Gefühl haben, zu Hause zu sein, sobald wir den Carrefour du Bac oder die Place Saint-Michel hinter uns hatten, über die wir an jenem Tage fuhren. Die Hunderte von sonnigen Morgen, an denen wir in entgegengesetzter Richtung gefahren waren, kamen mir wieder ins Gedächtnis. Wir kamen aus der Rue Bonaparte und nahmen jedesmal mit dem gleichen Staunen und dem gleichen Stolz die Schönheit der Seineufer in uns auf. Wie wollte man diese Farbe des Himmels nennen – sie war weder blau noch weiß, weder grau noch golden und doch von allem ein wenig, und dazu das sanfte Flimmern des Lichtes, der seidige Schimmer, der dieser steinernen Landschaft, den Rundungen der Brückenbögen und des Flusses eine gleichsam erworbene Anmut verleiht, untrennbar von Geist und Intelligenz.

Wir fuhren an den Quais entlang bis zum »Trocadéro«, und manchmal, wenn wir uns nicht verspätet hatten, blieben wir stehen, um uns diese Pracht anzusehen, nur so: flüchtig, denn das Leben spielt sich in Paris nun einmal so ab, daß man sich nur von einem Ziel zum anderen bewegt und nicht, die Nase im Wind und die Hände in den Taschen, herumschlendert. Jedes Jahr wollten wir uns Zeit nehmen – das, was man so zu Unrecht »verlorene Zeit« nennt –, aber sobald wir hier waren, verschlang uns das Leben, wir gerieten wieder ins Räderwerk, und ein langer Spaziergang wurde ein fast noch selteneres Ereignis als eine große Reise. Dieser unmenschliche Rhythmus von Paris trennte uns manchmal für mehrere Tage. Wir kamen nicht dazu, uns zu sehen, miteinander zu sprechen. Ausgehen, heimkommen, telefonieren, schlafen. Eine Zeitlang war die Verbindung zwischen uns unterbrochen, wir stellten die Flamme auf klein, aber wir wußten, daß der kommende Sonntag uns wieder zusammenführen würde und wir uns dann alles sagen würden, was diese endlose Woche uns gebracht hatte: Selbstbetrachtungen, von anderen Gehörtes oder aneinander Beobachtetes – unmerklich Beobachtetes, so sehr schienen wir beide vom täglichen Leben in Anspruch genommen. Ich freute mich, daß dir mein Pullover aufgefallen war, den du am Morgen, als ich ihn zum ersten Male anzog, überhaupt nicht erwähnt hattest, genau wie du dich freutest, wenn ich dir sagte, deine japanische Krawatte passe viel besser zu dem weißen Hemd als zu dem grauen. Alles, was wir innerhalb von sieben Tagen in uns gespeichert hatten, kam zur Sprache, und wir lachten über das Chanson von Juliette Gréco: *Je hais les dimanches.*

Nach der Hast fanden wir uns wieder. Wir lebten einer vom anderen. Es würde keine Begegnungen mehr geben; die einzige, die mir bevorstand, war deine Begegnung mit dem Tode. Ich suchte nach ihm auf deinem Gesicht; wenn es leicht abgespannt war oder sich verzog, sagte ich mir: da ist er. Fühltest du dich wohl und unvorstellbar glücklich, dann dachte ich, es sei die Besserung vor dem Tode, von der ich gehört hatte. Da ich nichts tun konnte, mußte ich zu denken aufhören. Bei dir sein, bis zu deinem letzten Atemzug, das ist alles. Und du warst da, hier im Wagen, wir berührten uns. In einem Monat würde ich vielleicht für diesen jetzigen Augenblick, der mir wie die Hölle vorkam, alles hingeben.

Du wolltest die Treppe allein hinaufgehen. Ich folgte dir; sicher war es das letzte Mal, daß du zu uns heraufkamst. Du hattest immer lautlos, wie ein Panther, vier Stufen auf einmal genommen, und abends verriet nur die Stille, die auf das Zufallen des Haustores folgte, deine Rückkehr. Eine Sekunde später drehte sich der Schlüssel in unserer Tür.

Als ich an diesem Tage hinter dir herging, war ich darauf gefaßt, daß du stürztest. Ich wünschte, daß während der endlosen Zeit, die du dazu brauchtest, die Treppe hinaufzusteigen, kein Hausbewohner vorbeikäme. Daß niemand dein abgemagertes, fahles und schweißbedecktes Gesicht sehen möge, das mir die Windungen des Geländers, an das du dich klammertest, abwechselnd freigaben und verdeckten. Ich sah, wie dein linker Nasenflügel sich zusammenzog und deine Kinnmuskeln sich spannten.

Wir erstiegen den Turm von Babylon. Nie war mir die Treppe so lang vorgekommen, sie führte ans Ende der Welt, und waren wir oben angelangt, würde noch ein Ende der Welt zu erklimmen sein, und so fort bis zum Ende, und dann würde ich allein gehen.

Du setztest dich auf den nächsten Stuhl, hieltest den Kopf gesenkt und starrtest auf deine Knie, auf denen deine Hände ruhten. Beide bemerkten wir deinen zu weit gewordenen Ehering; um ihn zurückzuschieben, fuhrst du mit der Hand an der Hose entlang.

Unser Zimmer war ein einziges Blütenmeer, aber für mich waren die Blumen bereits vergiftet. Ich wußte, daß bald ganze Arme voll Blumen, zu Kränzen und Buketts gebunden, ankommen würden. Du würdest ein junger, mit Blüten bedeckter Toter sein.

Du warst also wieder nach Hause gekommen, wo ich jeden Abend den Mut verlor und neu schöpfte, wo ich das Kleid oder das Kostüm anzog, das dir gefiel.

Der Tag verlosch. Ich zog die Vorhänge zu. Ich streckte mich neben dir aus und tat, als schliefe ich, während du lasest. Ich lebte in enger Gemeinschaft mit dem Ungeheuer. Was ist Krebs? Eine verhärtete Masse. Ich versuchte, mich an wissenschaftliche Filme zu erinnern, die ich gesehen hatte. Ich sah das wimmelnde Leben der Zellen, sah ihre unerbittliche Vermehrung vor mir.

Immer bleiben sie die Sieger. Und das alles vollzog sich fast vor meinen Augen, im Schutze deiner glatten, unschuldigen Haut. In der Stille des Abends war mir, als hörte ich diese termitenhafte Geschäftigkeit, diese abscheuliche Fabrik, die Tag und Nacht arbeitete, und das um so besser und schneller, ja schöner und jünger der Boden ist. Ohne daß du es wußtest, ohne daß ich das geringste hätte tun können, wurde vor meinen Augen lautlos an deinem Tode gewirkt.

X

Ich weiß noch, wie wir auf die ersten Regungen unserer Kinder lauschten. Ich trug die Verheißungen des Lebens in mir, so wie du heute die des Todes trägst.

Jener frühe Wintermorgen, als ich zwischen dir und unserem Kind schlummerte. Dieses Glück von Körper und Geist! Ich war eine Blase, die sich inmitten der Welt im Gleichgewicht hielt, äußerlich unbewegt, nicht aus Untätigkeit, sondern weil das Kräftespiel, dessen Zentrum sie in diesem Augenblick zu sein schien, vollkommen ausgewogen war. Ich schwebte durch einen makellosen Azur. Alles war Harmonie. Unglück und Tod war etwas Entferntes, von dem kaum etwas zu mir drang, das zwar eines Tages kommen würde, aber keine Bedeutung hatte und nie, in gar keinem Fall, die Vollkommenheit dieses Tages zunichte machen oder trüben könnte.

Seit wenigen Augenblicken lebte ein atmendes Geschöpf mehr auf der Erde. Ich öffnete ein wenig die Augen, um mich zu vergewissern, daß ich nicht träumte. In diesem Körper und seinen Rundungen, die mich bereits entzückten, war alles entschieden. Wir konnten höchstens die Entwicklung dieses neuen menschlichen Wesens fördern oder hemmen und darauf hinwirken, daß es schneller zu sich selbst fände. Aber sind nicht die Umwege, die Auflehnung ebenso wichtig? Gibt es nicht Wesen, die an jedem Widerstand wachsen, und andere, die noch vor dem Kampf besiegt werden? Und ist auch das nicht schon vorherbestimmt? Ich weiß heute, daß ich schon vor einem sehnsuchtsvollen Kinderblick ebenso machtlos bin wie vor dem Blick, der ganz Vertrauen ist und Täuschung nicht versteht.

Soweit ich mich auch in meine Kindheit zurückversetze, finde ich dieses Gefühl für das Glück, die Vorstellung, daß es mir zukomme, es zu erleben, und daß ich irgendwie dazu verpflichtet sei. Ich erinnere mich an lange Zeiten voll Düsternis und Kälte, in denen ich mich als Kind, in mich verkrochen und mit zusammengebissenen Zähnen, meiner Traurigkeit schämte; ich wollte von ihr genesen wie von einer Krankheit, während die Freude, die ich empfand, mir schön und richtig schien. Später begriff ich, daß wir weitgehend dadurch geprägt sind, welchen Sinn wir dem Begriff des Glücks geben, das nicht nur geistiges und körperliches Wohlbehagen ist.

Auch heute noch möchte ich es empfinden. Es scheint mir gleichbedeutend mit Treue zu mir selbst und also auch zu dir; ich sehne ein Wunder herbei: eines Tages glücklich, schwerelos aufzuwachen. Ich weiß, daß die Erde gebebt hat, der Riß ist da, er gehört zu meiner neuen Geographie, ich kenne ihn, aber ich möchte, daß er zu bluten aufhört.

Noch fällt es mir schwer, der Gegenwart zu leben, ohne Mühe gelingt es mir selten. Wenn wir über den Tod sprachen, meinten wir, das schlimmste sei, den anderen zu überleben; ich weiß nicht mehr, ich suche, und die Antwort fällt jeden Tag anders aus. Wenn ein Hauch von Frühling mich anrührt, wenn ich sehe, wie unsere Kinder leben, sooft ich der Schönheit des Lebens begegne und mich für einen

Augenblick daran freue, ohne an dich zu denken – denn länger dauert deine Abwesenheit nicht –, dann glaube ich, daß von uns beiden du der Geopferte bist. Wenn ich aber im Schmerz verhaftet, von ihm entkräftet, gedemütigt bin, dann sage ich mir, wir hatten recht, und Sterben bedeutete nichts. Ich widerspreche mir unaufhörlich. Ich will unter deiner Abwesenheit leiden und will es wieder nicht. Wenn der Schmerz gar zu unmenschlich wird und kein Ende zu nehmen scheint, dann will ich Linderung; doch sooft du mir ein wenig Ruhe läßt, weigere ich mich, die Verbindung zwischen uns zu verlieren, unsere letzten Tage und letzten Blicke um eine Art inneren Friedens, um einer Liebe zum Leben willen, die mich fast unbewußt wieder überkommt, verlöschen zu lassen. Und so schwanke ich, ohne je Ruhe zu finden, ohne innezuhalten, von einem Punkt zum anderen, bis ich ein ständig gefährdetes Gleichgewicht wiederfinde.

So wird es noch lange bleiben. Ich nehme es hin. Aber zuweilen befällt mich eine unendliche Müdigkeit, die furchtbare Versuchung, auszuruhen, die Waffen zu strecken. In solchen Augenblicken liebe ich die Erde, und die Vorstellung, mich in ihr schlafen zu legen – halb Murmeltier, halb Statue –, ängstigt mich nicht. Ich sehe nicht die Verwesung, an die zu denken mich manchmal quält; ich stelle mir eine natürliche Auflösung vor, die nichts Erschreckendes hat.

Am Tage nach deiner Rückkehr aus der Klinik wachtest du spät auf. Du sagtest zu mir: »Ich bin so müde!« Ich erwiderte, das könne gar nicht anders sein, die Anstrengung des Treppensteigens sei zu groß gewesen; du müßtest dich ausruhen, schlafen. Unbeweglich, fast schweigend blieben wir auf dem Bett liegen. Beide trieben wir auf unseren Gedanken dahin. Ich stellte mir vor, sie stiegen wie Rauchringe in der Luft des Zimmers auf, trieben über unseren Köpfen, streiften aneinander, berührten sich, ohne ineinander zu verfließen, ohne einander zu kennen.

Wir hörten ein Andante, das du gern hattest. Nur die Musik hat diese Wirkung, kann besänftigen oder erregen, beklemmen oder beruhigen. An jenem Tage verhalf sie mir wieder zu Atem. Sie stellte das Gleichmaß meiner Herzschläge wieder her, das dein kleiner Satz »Ich bin so müde« verscheucht hatte.

Nur nicht die Nerven verlieren, es war noch nicht die Erschöpfung, von der der Arzt gesprochen hatte, sondern wirklich nur die Müdigkeit nach dem Treppensteigen; gleich würde dein Gesicht wieder Farbe bekommen, du würdest zu essen verlangen, dich vielleicht auf das Bett setzen, und wieder wäre der Ewigkeit ein Tag abgewonnen. Ich durfte nicht zu weit vorausdenken, ich mußte mich auf den Nachmittag einstellen, nicht darüber hinausschweifen, nicht mehr verlangen oder aber hoch über der Welt stehen, wie die Musik, die ich hörte und die ausdrückte, daß nichts je aufhört, daß alles sich wandelt und daß Zärtlichkeit und Liebe über das Leben hinausgehen müssen. Doch sobald eine mögliche innere Ruhe zum Greifen nahe war, begehrte ich auf. Das war zu einfach. Ich war da, gesund und stark, ich würde den nächsten Sommer erleben, würde unsere Kinder heranwachsen sehen. Wie würde mir angesichts des Todes zumute sein? Als ich ein einziges Mal in meinem Leben in Gefahr gewesen war, hatte ich dabei eigentlich kein Grauen empfunden, doch war das nur eine Möglichkeit gewesen, und so hatte ich das Spiel mitgespielt, war eine Art Wette eingegangen – mit vorübergehenden Angstsekunden zwar, aber sonst war daran nichts Unerträgliches. War es leichter, etwas auf sich zu nehmen, wenn es um einen selber als wenn es um einen geliebten Menschen ging? Ich weiß es nicht. Heute war alles anders. Wenn ich gewußt hätte, daß auch nur die geringste Aussicht bestünde, dich zu retten, dann hätten wir zusammen darüber gesprochen, wir hätten das Unmögliche versucht, und vielleicht hätten wir gewonnen? »Nicht die geringste Hoffnung«, hatten die Ärzte gesagt, und ich hatte gewußt, daß sie die Wahrheit sprachen. Man brauchte nur das Lehrbuch eines Medizinstudenten nachzuschlagen, um sich davon zu überzeugen. Und wenn sie mir nun die Wahrheit verheimlicht hätten, wenn ich ahnungslos gewesen wäre wie du? Nein, sie haben gut daran getan. Vor die Wahl zwischen Nichtwissen und Wissen gestellt, würde ich mich immer für das zweite entscheiden. Also war ich mit mir selbst nicht im reinen. Ich verlangte, daß man sich auf eine bestimmte Weise zu mir verhielt, und dir gegenüber verhielt ich mich anders. Ich zerstörte unsere Gleichheit, ich wurde zur Beschützerin. Aber ich wollte dich ja glücklich sehen, und dieser Wunsch war stärker als alles andere; und wenn du zu mir sagtest: »Ich bin glücklich«, wurden alle Verschweigungen, alle Lügen süß wie Honig. Ich hätte die ganze Welt zum Lügen gebracht für das Lächeln, das du mir damals schenktest, das flüchtige Lächeln, das ich in meinen Händen hätte einfangen und an mich drücken mögen – das mir noch immer nachgeht.

Ich wußte auch, daß du, vor die Wahl gestellt zwischen deinem schönen, aber kurzen Leben und einem langen, mittelmäßigen, nicht gezögert hättest. Aber warum eine solche Wahl? Gibt es denn zwei Arten von Menschen, und gehörtest du zu denen, die durch das Leben ziehen wie eine Sternschnuppe über den Himmel?

XI

Die sonnendurchflutete »Landschaft mit dem Sturz des Ikarus« von Breughel versinnbildlicht die Einsamkeit – nicht den Egoismus, sondern die Gleichgültigkeit, die die Menschen voneinander trennt. Sicherlich hat er recht, dieser pflügende Bauer, wenn er seine Furche zieht, während Ikarus umkommt. Das Leben muß weitergehen, das Korn gesät oder geerntet werden, während andere sterben. Und doch wünschte man, daß er seinen Pflug stehenließe und seinem Nächsten zu Hilfe eilte. Vielleicht irre ich mich, und sicherlich weiß er nicht, daß ein Mensch umkommt. Er ist sich dessen ebensowenig bewußt wie das Meer und der Himmel, die Hügel und die Felsen. Ikarus stirbt nicht verlassen, aber unbemerkt. Wir alle gleichen diesem Pflügenden. Sooft man aus dem Haus geht, kommt man, ohne es zu wissen, an einem Verzweifelten, einem

Leidenden vorbei. Die flehenden Blicke, das Elend von Leib oder Seele sieht man nicht. Ich bin von meinem Nächsten weit entfernt. Wäre ich ihm wirklich nahe, so würde ich, ohne im geringsten nachzudenken, meine jeweilige Beschäftigung verlassen, um zu ihm zu gehen.

Wir waren Ikarus gewesen. Draußen ging die Welt weiter. Ich hob die Vorhänge und erkannte wieder das gewohnte Leben unserer Straße und unseres Hofes, aber ich nahm es nicht mehr auf wie früher. Alles hatte sich verändert und eine neue Bedeutung erhalten, die Stimmen schlugen mir ans Ohr, als hätte ich sie nie gehört, das Lachen kam aus einer anderen Welt herüber, und das allmorgendliche, anhaltende schleifende Geräusch der Mülleimer, die über das Trottoir gezerrt wurden, klang wie das Signal zu einer Hinrichtung. Immer wenn der Tag anbricht, horcht der zum Tode Verurteilte, ob man die Guillotine für ihn aufstellt. Aber du schliefst tief in den Morgenstunden, während ich, schon erwacht, die Stunde meiner größten Schwäche durchlebte. Verzweiflung über das, was war, Verzweiflung über das, was kommen sollte. Ich konnte weder das Bewußtsein ausschalten noch mich dazu entschließen, unser Bett zu verlassen. Der einzige Lichtblick waren deine Haare, die ich auf dem weißen Kopfkissen erkannte, und dein Körper, den ich nahe wußte. Ich spürte deine Wärme. Ich habe sie am Morgen deines Todes gespürt. Du ruhtest sanft, während die Krankheit zum letzten Schlage ausholte. Als ich die Tür unseres Zimmers wieder schloß, wußte ich nicht, daß ich dich zum letzten Male gesehen hatte. Noch vor Mittag würde man im Imperfekt von dir sprechen. Er liebte, er wollte, er arbeitete, er fürchtete. Imperfekt: Zeitform des Todes. Ich weiß nicht, wer sie zuerst gebraucht hat, die Ärzte, Freunde, die herbeigeeilt waren, oder ich. Vielleicht habe ich selbst gesagt: »Ich wußte es.« Sooft ich die Kinder das Verb *sein* durch alle Zeiten des Indikativs aufsagen höre, denke ich an diesen entscheidenden Einschnitt, den das Imperfekt eines Morgens für mich bedeutet hat. ER WAR, das will sagen: er wird nie mehr sein. Vorbei. Zu Ende. Schlagt den Kopf gegen die Wand, heult, steht versteinert, tut, als wäre nichts, knirscht mit den Zähnen, betet, begehrt auf, findet euch ab, ihr werdet nichts ändern: er war, also ist er nicht mehr. Die ganze Welt und ihr selbst habt das Recht, ja die Pflicht, im Imperfekt von ihm zu sprechen. Eben habt ihr begonnen, die Zeitform zu gebrauchen, die fortan die seine ist.

Wir brauchten nicht mehr leise zu sprechen, um dich nicht zu wecken. Deine Abwesenheit von der Welt begann. Ich war allein. Vielleicht wußte ich noch nicht, wie ungeheuerlich es wäre – nicht: allein zu sein, sondern nicht mehr mit dir zusammen zu sein. Seit ich dich schlafend auf der Trage in der Klinik gesehen hatte, bestimmte ein Gedanke stärker als alle anderen mein Handeln: er soll nicht leiden, er soll nicht wissen. Meine Rolle war beendet, ich hatte diesen unrühmlichen Auftrag ausgeführt. Du, der Klarblickende – und dieser klare Blick war eine deiner schönsten Eigenschaften –, hattest dem Tod gegenübergestanden wie ein Kind.

Du warst schon. Du zeigtest deinen letzten Glanz; morgen schon würdest du nicht mehr derselbe sein. Ja, ich wußte, daß du in diesem Körper nicht mehr anwesend warst, und es zog mich zu ihm.

Ich konnte dich noch ansehen, deine Hand ergreifen oder dir mit der meinen über das Gesicht streichen. Morgen gäbe es selbst das nicht mehr. Morgen würdest du in einem Sarg liegen. Für immer verborgen. Ich dachte: mit sich allein. Und in zwei Tagen würde ich hinter dir herfahren, und in drei Tagen würde die Trennung endgültig sein. Keine zwanzig Tage waren zwischen unserem Glück und seinem Ende vergangen.

Ich wiederholte mir: er ist tot, er ist tot, du bist tot. Ich mußte diese Worte sofort aussprechen, mich für immer mit ihnen durchtränken, sonst müßte ich fliehen, mich abwenden, zu leugnen versuchen, und dieses Ausweichen würde nur in Sackgassen führen. Tausende von Nadeln bohrten sich von innen in meine Haut, ich war ein einziger Schrei.

Ich wünschte mir, daß mein Körper mich nicht im Stich ließe, sondern mir zu Hilfe käme. Ich klammerte mich an die Wände meines Lebens. Ich zwang mich, die Leere anzusehen. Der Tod hatte dein Gesicht, ich habe ihm also ins Antlitz gesehen, ihn fast bewundernd betrachtet. Der Abschied von einem Toten ist etwas

Unvorstellbares, wenn man ihn nicht selbst erlebt hat – er läßt sich nicht beschreiben. Der Verstand steht still, wenn er an die Grenzen des Entsetzens stößt; doch erst da fängt alles an.

Heute noch kann ich dein und mein Leben nicht voneinander lösen. Nicht wie im Bilde vom Efeu und dem Baum, das mir in den Sinn kommt, wenn ich versuche, deine Abwesenheit bewußtzumachen; es ist wie ein elementares Verhängnis, ein kosmisches Unheil, das die Anziehungskräfte der Welt aus dem Gleichgewicht bringen könnte. Vergeblich bemühe ich mich, wieder einen Ort zu finden, wo ich hingehöre.

Es kommt vor, daß ich mich an deine Abwesenheit gewöhnt habe. Ich erwache nicht mehr mit dem bohrenden Schmerz im Leib, nicht mehr mit dem schrillen Sirenenton im Kopf, die in meinen tiefsten Schlaf eindrangen und mir jeden Morgen die Nachricht deines Todes verkündeten und wiederholten. Allmählich dachte ich wieder an das Wetter, an das Buch, das ich las, an das, was im Laufe eines Tages zu tun war. Monatelang stellte ich mir vor, ich wäre schon fast gerettet, sobald ich imstande wäre, mit leidenschaftlicher Anteilnahme von etwas anderem als von dir zu sprechen, meine Gedanken auf ein anderes Bild zu richten als auf das deine.

Bin ich es vielleicht heute! Ich weiß es einfach nicht. Die Vergangenheit nimmt mich ganz in Anspruch, ich lege ihr Rechenschaft über die Gegenwart ab. Doch das Leben wirkt in mir weiter. Ich weiß es, ich will es, aber deutlicher als alles andere empfinde ich das graue Einerlei der Tage und die Mühe, die es kostet, der Welt zugewandt zu bleiben, während das Herz oft beschließt, sich zurückzuziehen. Ständig bin ich einem Gefühl des Schwindels ausgeliefert. Wenn ich abends weggehe, lasse ich die Lampe brennen. Bei meiner Rückkehr sehe ich ihren Schimmer hinter den Vorhängen, und ich lächle über meine wirkungslosen Listen, denn sobald ich die Tür aufstoße, schlägt mir die Einsamkeit mitten ins Gesicht. Ich öffne und schließe die Wandschränke, schiebe die Flacons hin und her, drehe an den Wasserhähnen, höre aber nur die Stille deiner Abwesenheit. Ich lausche auf sie, sie ängstigt mich nicht, sie fasziniert mich. Ich habe keinerlei Verlangen, sie zu unterbrechen. Der

Schlaf wird kommen, in Hunderten von Nächten ist er gekommen, während ich deiner Abwesenheit lauschte.

An manchen Tagen weiß ich nicht mehr, ob du Wirklichkeit gewesen bist. Dieses Glück und diese Schönheit – hat es sie gegeben, sind sie unsere tägliche Nahrung gewesen? Meine Gedanken weigern sich, feste Gestalt anzunehmen, sie fliegen über die Vergangenheit hinweg, meiden alle Widrigkeiten, verflüchtigen sich. Nur ein Traum und Asche sind mir geblieben; was war, entgleitet, und ich entdecke, wie die vielberufene Idealisierung einsetzt, die gefällige Erinnerung, die immer stärker vereinfacht und an die Stelle der Wahrheit tritt, jene Verfälschung, die um so leichter fällt, als nichts Wirkliches mehr da ist, das dem lieblichen Bild, das sich im Geiste formt, widersprechen könnte. Ich erreiche eine trügerische Ausgeglichenheit, aber ich entferne mich von der echten Lebensweisheit, die Inbrunst, Verstand, Klarblick ist. Ich rufe dich herbei und stürze mich in die Vergangenheit, um dich nicht zu verlieren. Einsam in unserem Zimmer, starre ich lange dahin, wo du dich mit Vorliebe aufhieltest, und auf die Gegenstände, die du gerne berührt hast; ich suche deine Spur, ich reiße dich aus dem Dunkel, und nach und nach kehrst du zurück. Ich gehe von einer bestimmten Erinnerung aus, von diesem hellen Fleck an der Wand ... Eines Morgens – drei Tage vor deinem Tod – kam die Sonne hervor, mehrere Tage hindurch hatte es geregnet. Ich zog die Vorhänge auf, und du sagtest zu mir: »Ich hab so gern die Sonne auf meinem Gesicht.« Ich schob dein Bett so zurecht, daß sie dich bescheinen konnte. Eine Weile hieltest du die Augen geschlossen, und als du sie wieder aufschlugst, murmeltest du: »Das tut gut!«

Die Zeit verstrich plötzlich sehr langsam. Ich brachte dir saubere Wäsche, und du suchtest dir einen blauen Pyjama aus, denselben, in dem du sterben solltest. Die Sonne spielte an der Wand, sie hat dich verlassen. Für immer. Am nächsten Tag regnete es wieder, am darauffolgenden ebenfalls, und am Morgen danach starbst du. Nie werde ich die Farbe dieser Novembersonne vergessen, werde nie vergessen, wie sie dein Gesicht und dein Haar streichelte und sich dann an die Wand zurückzog wie ein Deserteur. Sogar die Sonne klagte ich an. Alles machte sich davon.

Den letzten Sommer im Escalet hatten wir schönes Wetter. Was für Pläne schmiedeten wir damals? Woran dachten wir wohl?

Wir lebten wie Pflanzen. Wir gehorchten dem Wind und der Sonne. Sie bestimmten unseren Tageslauf. Alltägliches wurde zum Ritus, nichts geschah, wir waren einfach glücklich, und glücklich darüber, es zu sein. Das Glück durchdrang uns wie ein Duft, wir vergaßen es manchmal, so bevorzugt waren wir. Weiß der Vogel, daß er glücklich darüber ist, zu fliegen?

Stundenlang verfolgten wir mit geschlossenen oder halboffenen Augen die kaum spürbare Bewegung des Meeres – ein Schlagen des Herzens, nicht mehr. Wenn wir es vor Hitze nicht mehr aushielten, ließen wir uns schräg ins Wasser gleiten, lautlos, um den vollkommenen Einklang zwischen Himmel und Meer nicht zu stören.

Wir brauchten über gar nichts zu sprechen, hätten aber auch über alles sprechen können. Schweigen und Plaudern sind wunderbar, wenn sie höchsten Luxus der Liebe oder der Freundschaft bedeuten und wenn sie kein Unbehagen oder eine unüberbrückbare Kluft verdecken, sondern aus einem so tiefen Einverständnis kommen, daß sie zwei äußerlich verschiedenen Wesen eine Ähnlichkeit verleihen, die erstaunlicher ist als die der Gesichtszüge.

Manchmal sahst du schlecht aus, ich stellte es mit einem dumpfen Angstgefühl fest, dann ging es vorüber. In der größten Hitze brachst du auf, um das kleine Tal, wo Schirmpinien standen, urbar zu machen, während ich im großen Zimmer die Laden schloß und meine Mittagsruhe hielt. Die Kinder schliefen. Wohltuende Stille erfüllte das Haus. Die Zikaden vergaß ich. Ich hörte, untrennbar mit der Hitze und den Düften verbunden, die Schläge deiner Hacke und deine Schritte im dürren Gestrüpp. Stundenlang häuftest du die Zweige des Goldregens aufeinander, die wir nach dem ersten Regen verbrennen wollten; dann kamst du zurück, mit Schweiß und Ästchen bedeckt, mit zerkratzten Beinen und Händen, vor

Freude strahlend. An anderen Tagen nahmst du den Traktor – ich verwünschte den Benzingeruch und den höllischen Lärm, aber du fuhrst weit weg, den großen Hügel hinauf, und bahntest dort Wege in einem undurchdringlichen Gelände, das seit fast zwanzig Jahren von Gestrüpp überwuchert war.

Spät am Nachmittag, wenn die Sonne das Haus nicht mehr erreichte, aber den Hügel noch beschien, besichtigten wir das Land, das du einige Stunden vorher freigelegt hattest. Wir brachten Pinienzapfen mit und zur Freude der Kinder manchmal auch eine Schildkröte. Fast täglich saßen wir auf dem gleichen Baumstumpf und verfolgten von dort die Bewegung der Sonne, sahen, wie sie erst die Schirmpinien, dann den Weinberg verließ und schließlich hinter dem Berg versank. Oft nahmen wir die Kinder mit. Wenn wir allein sein wollten, stahlen wir uns heimlich fort, doch nicht immer hatten wir Erfolg mit unseren Listen, und dann sahen wir zwei kleine Gestalten den Hang hinunterrennen und zu uns heraufkommen. Einen Augenblick blieben sie still in unseren Armen, um Atem zu schöpfen, dann mußten wir gleich eine Geschichte erzählen. Manchmal waren sie zu ernsten Fragen aufgelegt: »Warum macht die Sonne das jeden Tag?« Sie wurden für die Schönheit der Natur zugänglich und hörten auf, zu sprechen oder zu verlangen, daß man mit ihnen sprach. Wie wir betrachteten sie das wundervolle Ereignis des Sonnenuntergangs.

»Und wenn sie nun nicht wiederkommt, die Sonne?«

Wir antworten: morgen in aller Frühe, noch bevor sie erwachten, würde sie wieder da sein und dieselbe Stelle bescheinen, wo wir jetzt saßen.

»Dann hat sie sich also die ganze Nacht bewegt?«

»Ja, sie steht nie still, und wir bewegen uns auch, und wenn es bei uns Nacht wird, dann wird es in anderen Ländern Tag.«

Nichts ist so ernsthaft wie ein Gespräch mit Kindern. Sie wagen es, die elementarsten Fragen zu stellen und zu beantworten, sie gehen den Kern der Dinge an. Oft sprachen wir mit ihnen über den Tod. Ich wußte nicht, daß er sie bald aus solcher Nähe berühren würde. »Er ist tot, er schläft«, sagten sie von den Grashüpfern und den Eidechsen, die sie manchmal vor dem Hause fanden. Gar kein Problem. Aber alles sollte sich ändern.

Wenige Monate später entdeckten sie, was »nie wieder« bedeutet, und dasjenige der beiden, das am meisten litt, weil es die Bedeutung des Wortes besser ermessen konnte, sagte, als es von dir sprach: »Dann gib mir einen anderen, wenn der da tot ist, ich will einen, der ihm ähnlich ist.«

Ich versuchte zu erklären – was zu erklären? Daß die Liebe . . .

»Aber einen Toten kann man doch nicht lieben, weil man ihn nie wieder sieht«, bekam ich zur Antwort. »Und wo ist er jetzt? Sieht er uns?«

»Nein, ich glaube, er sieht uns nicht. Aber wir sehen ihn in unserer Erinnerung.«

»Ich habe seine Augen und seinen Mund, nicht wahr?« wurde ich stolz gefragt.

»Und ich bewege mich ganz wie er.«

»Ja, das stimmt.«

»Aber seinen Körper, wo hast du den vergraben?«

Ich erwiderte: »Auf dem Hügel.« Ich brachte es nicht über mich zu sagen: auf dem Friedhof. Denn ich hätte dich lieber ohne Sarg, allein unter einem unserer Bäume gehabt, dort, wo wir gerne spazierengingen. Warum sind unsere Todesriten so finster, so unnatürlich? Die Begräbnisse in den Ufern des Ganges können den Schmerz nicht auslöschen, der Sache jedes einzelnen ist, aber sie wollen ihm nicht offen Ausdruck verleihen. Unsere Kinder sollten dich in leuchtender Erinnerung behalten, und nie sollte sie der Gedanke an die Verweseung deines Fleisches streifen, der mir monatelang nachgegangen war. Ich habe nie zugeben können, daß deine Anmut und deine Schönheit zu etwas Abstoßendem geworden sind; ich hing der Vorstellung von der Zersetzung deines Körpers nach, sie verfolgte mich. Ich sagte mir, das habe keine Bedeutung, du wüßtest es ja nicht, es sei nur ein chemischer Vorgang, aber ich sah deinen Körper, deine Augen, deine Lippen, den Stoff deines Anzugs, und wenn ich hörte, wie jemand zu einem Kind, das sich vor einer Fliege oder Wespe fürchtete, sagte: »Kleine Tiere fressen keine großen«, dachte ich: Doch, gerade das tun sie, bis zum letzten Bissen. Ja, das alles wollte ich für mich behalten, und ich mochte auch nicht sagen, du seist im Himmel, denn so dachten wir nicht. Also versuchte ich, dich mit dem Leben in Verbindung zu bringen. Er hat sich verwandelt, erklärte ich, es sind zwei Bäume und Blumen aus ihm geworden; die Bienen sammeln Honig darin, den Honig essen wir, und so fängt alles von vorne an.

Jedes der Kinder reagierte auf seine Weise.

»Weil er so schön war«, sagte das eine mit strahlender Miene, »müssen auch schöne Blumen aus ihm geworden sein!«

Das andere schwieg nachdenklich. Am nächsten Morgen kam es zu mir.

»Wenn wir Honig essen, essen wir also ein bißchen Mensch«, sagte es.

Ich möchte, daß sie dich so lieben, wie du warst. Wie mögen sie dich in ihrer Erinnerung sehen? Sie erzählen mir immer wieder von einem bestimmten Spaziergang, von dem ich ihnen kaum erzählt habe und der in ihrem Gedächtnis haftengeblieben ist. An jenem Tage hattest du eine kleine Schlange getötet. Im Augenblick schienen sie darauf nicht weiter geachtet zu haben, aber dieser Streifzug, nur zweihundert Meter vom Haus entfernt, ist zu einer Expedition geworden, auf der du eine sehr gefährliche Schlange besiegt hast. Du bist das Symbol für Mut und Geschicklichkeit, und sooft ich ihnen von anderen, längeren und abenteuerlichen Spaziergängen erzähle, kommen sie ständig auf diesen zurück.

Sie suchen dich, sie versuchen, dich durch ihre Erinnerungen – echte und erfundene – zu erkennen oder wiederzuerkennen, durch Fotos, durch Erzählungen, durch undeutliche Reminiszenzen, die in ihnen aufsteigen, manchmal aber vor mir feste Umrisse annahmen, weil ihnen plötzlich eine Winzigkeit auffällt, sie auf die Spur bringt, ihnen Lust gibt, in ihrem kindlichen Gedächtnis zu forschen, zu verdeutlichen, was nur eine Ahnung, eine verschwommene Empfindung war; sie suchen wie der Fotograf, der sein Objektiv einstellt, um das gewählte Motiv möglichst klar einzufangen. Nur über dich können sie sich selbst finden.

Ich bemerke an ihnen Ähnlichkeiten, die mich entzücken und erschüttern. Oft treten sie nur flüchtig in Erscheinung und wechseln vom einen zum anderen: eine Bewegung, eine besondere Art, einen Schuh zuzuschnüren, morgens aufzuwachen, eine Vorliebe für dieselben Stunden, dieselben Himmel, ein Blick, der mir noch nie aufgefallen war, den es vielleicht vorher schon gab, den ich aber jetzt entstehen zu sehen meine. Ich lausche und beobachte.

Ich verfolge den Lauf deines Lebens zurück und entdecke dich in einem Alter, in dem ich dich nicht gekannt habe. Ich versuche die Bilder, die die Kinder mir geben, und das Bild von dir als zwanzigjährigem zusammenzuhalten und so meine Kenntnis von dir zu vertiefen.

Ich schreibe; es ist, als spulte ich ein endloses Garnknäuel ab. Der Faden, den ich abwickle, führt mich zu dir; nicht in ein Labyrinth dringe ich vor, ich folge den Windungen einer Muschel. Ich versuche, bis zum Kern unserer selbst zu gelangen. Wenn ich ihn erreicht zu haben glaube, stelle ich fest, daß das nur eine erste Wegstrecke war, daß ich noch darüber hinausgehen, neue Räume der Erinnerungen und Empfindungen durchqueren, jedesmal neue Hüllen abstreifen muß, und daß ich nur so in diese Welt komme, die ich ahne und nach der ich mich sehne. Ich allein kenne meine Niederlagen und meine Siege. Manchmal spüre ich, daß ich vorankomme, ich bin mit mir selbst im reinen, aber plötzlich ist nichts mehr davon da, weder Rückgrat noch Fleischliches, eine Säure hat alles aufgelößt, der Faden ist zerschnitten, ich bin ein winziger gestaltloser Fleck, in dem ein paar Nerven vergeblich zucken.

Sinnlos, sich Schritt für Schritt vorzukämpfen; es bedarf eines Ablenkmanövers, dessen, was man Zerstreuung nennt und was mir für gewöhnlich zuwider ist. Ich breche auf und wandre, ohne an etwas zu denken, auf der Flucht vor mir selbst. Ich muß Luft im Gesicht spüren, festen Boden unter den Füßen. Alles vergessen, Leere schaffen. Wenn ich die Müdigkeit verspüre, bin ich fast gerettet. Ich existiere. Ich kehre zur Erde zurück. Ich wundere mich, alles an seinem Platz zu finden.

XII

An jenem Tage wurden in den frühen Morgenstunden beide Türflügel geöffnet. Anderthalb Tage lang bin ich hinter dir hergefahren. Ich erinnere mich an eine Straße, die kein Ende nahm, an Dörfer, durch die wir fuhren, Wagen, die wir überholten – wir, immer hinter dir her, hinter dem schwarzen, mit Blumen beladenen Wagen, den ich mir verbot, aus den Augen zu verlieren. Ich entsinne mich an fast nichts mehr. Nicht einmal den Übergang zum Süden hinter Lyon habe ich damals bemerkt, wenn die ersten Zypressen und die ersten von Platanen umstandenen Brunnen auftauchten. Dann ändert sich der Himmel, und selbst wenn es regnet, ist es nicht mehr derselbe Regen, der Wind wird ungestüm. Jedesmal wieder waren wir verblüfft und überrascht, es zu sein. Diese gespenstische Fahrt ist mir in zugleich genauer und unwirklicher Erinnerung geblieben. Der schwarze Wagen hielt vor einer Tankstelle an, und ohne zwingenden Grund, nur um dich nicht zu verlassen, während du schon weit weg warst und an deinem Körper die »lange Arbeit« begonnen hatte, warteten wir dahinter. Halt. Du wurdest »abgestellt«. Ich strich unschlüssig um dich herum, ich konnte mich nicht dazu aufraffen, ins Bett zu gehen; ich streichelte eine Blume, legte die Hand auf das schwarze Tuch über deinem Sarg, berührte den Wagen. Ich drehte mich im Kreise. All das war absurd: du in der Garage und ich oben im warmen Bett, oder du auf dem Parkplatz um die Mittagszeit. Ich aß, ich trank, mir war gar nicht zum Weinen. Ich dachte weder an die Zukunft noch gar an die Kinder, die ich seit zwei Tagen nicht mehr gesehen hatte und die mir nachher erzählen würden, wie gut sie sich bei ihren kleinen Freunden unterhalten hätten.

Am zweiten Tag erreichten wir den Friedhof. Dort löste ich mich aus der Unwirklichkeit. Ich starrte über das Meer – es war fern und grau wie der Himmel. Ich erinnere mich an das Geräusch, mit dem die Blumen auf das Holz geworfen wurden – ein gedämpfter Laut, der aber wellenartig in mir nachklang –, an die Kette und danach an die erste Schaufel voll Erde – ein dumpfer, brutaler Ton, der in einem perlenden Pianissimo auslief, wenn die Erde über das Holz rollte, bis sie am tiefsten Punkt ihrer Bahn ihren endgültigen Platz fand. Wir waren allein auf der Welt, du lagst, ich stand. Mein Blick drang durch Holz und Blei. Ich hätte alles auf der Welt dafür gegeben, wirklich alles, dich lebendig auftauchen zu sehen, mit dir wie früher auf dem Hügel spazierenzugehen oder still das Meer zu betrachten. Nur zehn Minuten, nicht mehr, und dann den Tod, die Folter, ganz gleich was, nur dich wiedersehen.

Zum erstenmal in meinem Leben wollte ich das Unmögliche. Später bat mich eines meiner Kinder: »Du kannst doch alles; mach, daß er für einen Tag wiederkommt, nur einen Tag; dann wollen wir feiern, wollen artig sein. Er wird sehen, daß wir glücklich sind.« Ich mußte meine Machtlosigkeit erklären, und ich begriff, daß mein Kind die Bedeutung des *Nie wieder* entdeckt hatte und sich damit offenbar ebensowenig abfinden konnte wie ich.

Ein feiner Regen hatte eingesetzt, und die Uhr schlug zwölf. Kein Windhauch. Lautlos legte sich der Regen auf die Blätter der Bäume und auf die Steinmauer, auf der er dunkle Spuren hinterließ. Langsam bedeckte die Erde den Sarg. Bald war keine Grube mehr da, sondern ein frisch aufgeworfener Erdhügel und ein Berg von Blumen.

Ich weiß jetzt, was ein Friedhof ist, so wie andere wissen, was die Platten bedeuten, die seit der deutschen Besetzung in den Straßen von Paris anzeigen, wo ein Widerstandskämpfer erschossen wurde, und an diesen Stellen ein von Kugeln entstelltes Gesicht, eine Blutlache, einen hingestreckten Körper vor sich sehen.

In dem Augenblick, als ich in Paris den Fuß auf den Bahnsteig desselben Bahnhofs setzte, auf dem wir auch aus den Ferien zurückkamen (mit einem kurzen Wort ließen wir dann den Winter vor uns erstehen und nahmen ohne Bedauern vom Sommer Abschied, um uns auf die vor uns liegende Zeit einzustellen) – in dieser Sekunde, als mein Körper zwischen Trittbrett und Bahnsteig in der Schwebe hing und sich dem Bahnsteig zuneigte, wurde mir schlagartig – mit der eisigen Schärfe des Fallbeils – klar, was es heißen würde, einsam zu sein.

Der Wirbelsturm war vorüber, ich hatte ihn lebend überstanden. Ich machte mich auf den Kampf gefaßt; ich wußte noch nicht, welche Form er annehmen würde, ich tat meine ersten Schritte in einer Welt, die mir vorzustellen ich weder Zeit noch Neigung gehabt hatte. Die Ruhe in der Wohnung und diese Stille! Alle Dinge bereit, an ihrem Platz, der Teppich sauber, die Kissen aufgeschüttelt, so, als wären sie nie benutzt worden, die Blumen frisch, die Bücher, die wir zuletzt gelesen hatten, in Reichweite, und das Bett. Die jüngste Vergangenheit nur bestand fort: vier Tage, und ganz weit weg der Anfang jener Vergangenheit, der Tag der Operation – einundzwanzig Tage im ganzen, und jenseits des Abgrundes, am anderen Ufer, unser Leben.

Zu Ende, für immer zu Ende. Die Wellen der Zeit überschlugen sich. Ertrinken oder atmen – aber ich wollte weder das eine noch das andere, ich lehnte die Entscheidung ab. Das Leben war ein Tyrann: »Du lebst oder du stirbst«, sagte es, und ich rührte mich nicht. »Du willst weder essen noch schlafen, du willst eine Leidensmiene zur Schau tragen.« Das Leben setzte mich ins Unrecht. Ich war weder feige noch mutig. Die Kinder waren meine Beschützer; wenn sie da waren, hielt ich mich gut; ihre Ahnungslosigkeit, wie kurz davor die deine, half mir. Ich war nur eine Fassade, aber ohne sie wäre ich in bestimmten Stunden zusammengebrochen. Ich lernte die Erstarrung kennen, die nur der Anfang des Todes ist. Schlafen, das Bewußtsein verlieren, ins Dunkel eintauchen, aber sobald ich die Augen schloß, flammte blendendes Licht unter meinen Lidern auf. Ich lernte die Einsamkeit, gnadenlos und ohne Konflikte, eine polierte glatte Fläche, die von einem aus geht und sich bis zum Horizont erstreckt; weder Blick noch Gedanken können anderes umfassen als sie. Ich wußte weder, was ich mit meinen Tagen anfangen, noch, worauf ich meinen Geist richten sollte. Ich war zermalmt durch dich, du haftetest an meinem Gesicht, du ersticktest mich; all meine Vorstellungen verbanden sich mit deiner Krankheit, ich wollte wiederfinden, was unser Leben gewesen war, und dein Tod hatte mich geblendet. Ich kam nicht davon los. Ich hätte mich gegen die verschlossenen Türen stemmen sollen, aber Stunden verstrichen und Tage, ohne daß ich etwas getan hätte. Ich zwang mich dazu, dem Alltäglichen nachzugehen, ich sagte die Worte, die man von mir erwartete. Ich verödete.

Musik zu hören wagte ich noch nicht; ich hatte Angst, sie könnte mich aus meiner Betäubung herausreißen und mich in eine überempfindliche Welt stürzen, die ich nicht hätte ertragen können. Ich versuchte nicht, zu reagieren, und ich wußte nicht, nach welcher Seite ich fallen, wußte nicht, ob ich untergehen oder mich retten würde. Der Instinkt schrieb mir meinen Rhythmus vor, dem ich folgte. Ich verfluchte die Nacht, aber ich konnte ihr nicht entrinnen. Meine Einsicht sagte mir, daß man nicht schamlos behaupten kann, etwas hinter sich zu haben, was man noch nicht erreicht hat. Wie oft haben wir nicht den Reichen sagen hören, daß Geld nicht glücklich mache, den Faulen behaupten, daß alles Handeln verlorene Zeit sei, den Banausen beteuern, daß die Bildung nicht den Menschen ausmache, kalte Frauen sich rühmen, die körperliche Liebe überwunden zu haben, oder die Impotenten äußern hören, die platonische Liebe sei die schönste? Ein ewußter, spitzfindiger Betrug, der die Verwirrung fördert. Geld macht freilich nicht glücklich. Handeln kann eine Flucht sein, der Gebildete muß nicht besser, die Liebe nicht nur sinnlich sein.

Ich für mein Teil mußte auf den Grund dessen sinken, was man Verzweiflung nennt, um einen gewissen Einklang mit mir selbst zu wahren. Wenn noch ein Weg offenblieb, so führte er durch Finsternis und Treibsand.

Um diesen Einklang zu finden, mußte ich die höllische Bahn durchlaufen, auf die dein Tod mich geworfen hatte, durfte nicht versuchen, mich zu betäuben, nichts im Dunkeln lassen, vor nichts ausweichen, mußte das Unglück bejahen, wie ich die Freude angenommen hatte.

Ich ging in der Wohnung hin und her, umstellt von den Gegenständen, gereizt durch die Erregung, deren lächerliche Ursache sie waren. Wohin mit einer Zahnbürste, einem Rasiermesser, einer Flasche Eau de Cologne, einem Pullover, die von nun an unnütz waren? Sie verbrennen, aufheben, verschenken, in die Seine werfen? Verbrennen würde dem Bedürfnis nach Unbedingtheit Genüge tun. Aufheben entsprach der Versuchung des Augenblicks. Aber sollte ich eine Frau werden, die, einem sterilen Kult ergeben, in ihrer Vergangenheit versinkt: Briefe wieder lesen, ein Foto an sich drücken, zärtlich über Kleidungsstücke streichen? Manchmal verkaufte ich ein Möbelstück oder stellte eines um, dafür ließ ich ein Buch, wo du es hingelegt hattest, weil es mir half, eine Bewegung, einen Blick, einen Satz im Raume nachzuvollziehen. Ich versuchte, die Zeit anzuhalten, das Flüchtige zu verewigen; ich errichtete Statuen im Leeren. War es Nacht geworden, legte ich mich in unser Bett und blieb darin erstarrt, reglos wie du, irgendwo mit dir eingemauert, fern von mir selbst.

Ich wartete ohne Erwartung. So vergingen Monate. Unser Eigentum wurde inventarisiert, die Höhe unserer Schulden berechnet, der Wert alles dessen geschätzt, was wir gemeinsam ausgesucht hatten, »Schmuckstücke und persönliche Gebrauchsgegenstände ausgenommen«. Ich war nicht erloschen, aber nahe daran.

XIII

Ich weiß nicht, an welchem Tag ich zum erstenmal spürte, daß nicht alles unwiederbringlich verloren sei. Weckte mich Kinderlächeln oder ein Zeichen unverhüllter Trauer, wo ich keine sehen wollte? Ein Verantwortungsgefühl? Hatte sich meine Verzweiflung erschöpft? Vielleicht hat mich das Spiel des Lebens gefangengenommen. Die Wahrheit hat so viele Facetten, daß ich unmöglich genau sagen kann, wie ich wieder Fuß faßte. Eines Tages bemerkte ich, daß ich aufgehört hatte, nur Fassade zu sein. Ich existierte, ich atmete. Ich wollte auf die Ereignisse wieder Einfluß nehmen. Langsam kam ich wieder zu mir und sah, was noch von mir übriggeblieben war. Da begann ich, die Einsamkeit nicht mehr über mich ergehen, sondern mich von ihr zähmen zu lassen.

Sie ist mir vertraut geworden, wir kennen uns jetzt gut, und ich kann ihr in die

Augen sehen. Ich spreche über sie mit Freunden, die sie immer schon als etwas Natürliches empfunden haben. Für mich gibt es nichts Schöneres auf der Welt als ein Liebespaar, und wenn ich jemand sagen höre, lieben bedeutet, die eigene Freiheit und Integrität zu verlieren, frage ich mich, ob wir von demselben Gefühl sprechen.

Ich erinnere mich an einen Abend, als ich in einem Buch blätterte; mein Blick fiel auf eine Skulptur, die wir oft zusammen betrachtet hatten, ein Frauentorso, der wie ein Freudenschrei zwischen Himmel und Erde steht. Ich blieb unberührt, wendete die Seite aber nicht um. Vergangene Bilder stiegen auf, ich sah einen endlosen Film, hörte eine Siegeshymne – beides brach an einem Novembertag ab. Mir war, als käme ich aus Treibsand hervor. Ich war allein in meinem Zimmer, aber ich füllte es ganz aus; es schien mir anders als sonst. Ich nahm wieder Anteil am Leben; ich begriff, daß mir wieder gewährt war, die Schönheit zu sehen.

Alles jedoch tat mir weh, und mehr als alles andere die Blicke zwischen Liebespaaren, ihr Einverständnis über die

Menge hinweg, ihr Augenzwinkern: wie zwei Vögel, die sich vereinigen und sich über das Stimmengewirr, den Zigarettenrauch und die Whiskygläser erheben; nichts anderes existiert mehr, ihre Begegnung hat die Ordnung der Welt wiederhergestellt, das Leben erscheint richtig, ganz gleich, was man hört und was man sagt, die Vögel sind da, sie wachen über uns, und bald, wenn wir allein auf der Straße sind, werden wir sie wiederfinden. Für mich sind die Vögel tot, aber es berührt mich, wenn ich sie bei anderen Menschen auffliegen sehe, und ich erkenne sie mit sicherem Blick.

Eigentlich wundere ich mich, daß sie so selten sind.

Nie hatte ich den Tod so unbekümmert betrachtet wie in der Zeit des Glücks. Leben oder sterben, das war damals beinahe gleichgültig. Jetzt beschäftigte mich der Gedanke an den Tod. Ich dachte an ihn, wenn ich die Straße überquerte, wenn ich am Steuer des Wagens saß. Aus einer Erkältung drohte eine Lungenentzündung zu werden, eine leichte Abmagerung deutete vielleicht auf eine schwere Krankheit.

Ich erwachte aus meiner Betäubung und trat in die rohe Welt ein, vor der ich mich gefürchtet hatte und in der alles – ich wußte nicht, wie lange noch – mich verletzte. Ich erinnere mich an die Bewegung, die mich ergriffen hatte, als ich an der Porte de la Villette einen mit Pferden beladenen Lastwagen zum Schlachthof fahren sah. Selbst diese Verurteilten brachten mich auf dich. Eines Abends im Autobus starrte ich hypnotisiert auf einen kleinen Totenkopf aus Elfenbein, der an einer Goldkette schaukelte; das Mädchen, das ihn trug, war hübsch, sehr jung, es hatte geschminkte Augen und blasse Lippen; mein Blick riß ihr Fleisch herunter, entblößte sie bis aufs Gebein, und ich sah zwei Totenköpfe, schließlich nur den, der mich verfolgte.

Die Place Saint-Sulpice mied ich. Während deiner Krankheit hatte ich sie oftmals überquert; eines Morgens bemerkte ich das Bestattungsinstitut, das praktischerweise gleich neben der Kirche liegt. Schöne Aufnahmen von wohlorganisierten Beerdigungen und bequemen, von großen Kerzen umrahmten Särgen waren im Schaufenster ausgestellt. Da durchfuhr mich auf einmal der Gedanke: an dieses Haus wird man sich wenden, wenn du gestorben bist. Ich beschleunigte meine Schritte nicht, aber in mir flatterten tausend schwarze Vögel. Ein einziges Verlangen trieb mich vorwärts; dich wiederfinden, dich berühren. Du schliefst noch, als ich ins Zimmer trat. Ich zog mich auf den Zehenspitzen zurück, nahm ein Buch und wartete, bis du erwachtest. Gelesen hatte ich nicht, aber Zeit gewonnen, mich zu fassen. Als du mich riefst, begegnete ich dir mit der gleichen gelassenen Miene, die du von mir erwartetest, und während ich dich küßte, genoß ich verzweifelt die Fetzen der Gegenwart, die mir noch geblieben. Die Flut stieg, ich wußte, daß ich nichts gegen sie vermochte, und doch kämpfte ich weiter, Zoll für Zoll. Als ich durch die Rue Saint-Sulpice hierherlief, hatte ich nur gewünscht, dich lebend wiederzusehen. Ich begnügte mich mit kleinen Brocken, die ich wie eine Ausgehungerte verschlang. Was blieb von unserem stolzen Glück? Aber du hattest gut geschlafen, du fühltest dich weniger müde als am Abend vorher. Du hattest deinen Milchkaffee auf einen Zug ausgetrunken und dazu fast ein ganzes Weißbrot gegessen: »Ich habe Hunger, ich habe Hunger.« Ich sah deine so fahlen Augen und deine rot umränderten Lider. »Vor drei Tagen war ich noch in der Klinik, wie schnell das geht«, hattest du gesagt. Ja, du hast es nicht gewußt. Es wurde ein Vormittag wie andere auch, du warst schon auf dem Wege der Besserung. Ich hörte dir zu und fragte mich, wie weit das Gefühl deiner Unentbehrlichkeit und die Liebe zu dir mich führen würden. Wieder stieß ich an die gleichen Grenzen, die ich mir in der Nacht während deiner Operation gesetzt hatte: er soll nicht leiden, soll nicht wissen. Das sollte mein einziger Maßstab sein. Ich sah dir bis auf den Grund der Seele, und du ließest es geschehen. Wie viele Jahre oder Minuten hatten wir gebraucht, bis wir einer im anderen jenen geheimen, noch tiefer als das Gefühl liegenden Teil des Wesens erreichten, wo Vernunft und Instinkt übereinstimmen. Ich hatte es gern gehabt, daß wir immer das Schwierige suchten, oberflächlichen Gefühlsregungen mißtrauten. Jeder hatte den anderen gerade dort entzünden wollen, wo er am wenigsten leicht entflammte. Seit den ersten Anfängen unserer Liebe hatten wir nicht aufgehört, einander zu erforschen, zu erhellen. Wir hatten uns unbewaffnet einander ausgeliefert, hatten das Gesetz des Dschungels verworfen.

Während du noch da warst, träumte ich von einem letzten Gespräch. Ich wünschte mir, dich von allem sprechen zu hören, von dir, von uns, von der Welt, von deinen Ansichten über alles, ich wollte mich von deinen Worten, deinem Flüstern, deinen Wiederholungen einwiegen lassen, wollte mit deiner Stimme einschlafen, mit ihr erwachen, mich von deinen Reden nähren und Vorräte speichern.

Am letzten Abend hast du länger als ich gelesen. Du fragtest mich, ob das Licht mich nicht störte. Nein, denn so konnte ich dich durch meine halbgeschlossenen Lider hindurch betrachten. Ich hörte, wie du die Seiten umschlugst; alles durfte ich, nur nicht weinen, doch danach hatte ich kein Verlangen. Ich versuchte, in unserer Vergangenheit Zuflucht zu finden, aber ich wagte nicht, mit dir darüber zu sprechen. Es war nicht unsere Gewohnheit,

Erinnerungen hervorzuholen, und es hätte dich befremden können, wenn ich auf einmal mehr an das Vergangene als an die Zukunft gedacht hätte. So machte ich mich denn allein auf den Weg, während du lasest oder schliefst.

Anfangs besaßen wir nur einen winzigen Teil gemeinsamen Lebens, eine Stunde, einen Tag, dann einen Monat. Ich richtete mich in dieser kleinen, viel zu engen Vergangenheit ein. Ich wußte, daß sie wachsen würde, aber wir redeten nicht davon. Es gab zwischen uns Überschwang und Verhaltenheit. Wir waren noch auf der Hut, einer beobachtete den anderen und suchte nach dem Sinn eines Wortes. Das »man« diente uns als Übergang vom »ich« zum »wir«. Wir benutzten es lange. Eines Tages hieß es »wir«, wie absichtslos gesagt, dann wurde es wieder zurückgezogen; sicherlich waren wir noch nicht reif dafür. Später wurde das »man« die Ausnahme. Wir fingen an, unser Leben aufzubauen, und sobald das zugegeben und anerkannt war, begriffen wir, daß wir den Wunsch danach schon lange unterdrückt hatten. Mit einemmal waren wir reich an Hunderten von Augenblicken, an gemeinsamen Erlebnissen, die wir im Gedächtnis behielten, weil sie uns verbunden hatten. Manchmal machte die Anwesenheit eines Außenstehenden uns kühner. Ich sprach von einem Spaziergang im Regen, du sagtest, auch ein bewölkter Himmel könne schön sein und du habest gesehen, wie die Apfelbäume in einem Obstgarten beim Gewitter ihre Blüten verloren. Allein hätten wir diesen Nachmittag, an dem uns beiden lag, nicht erwähnt. Wir zähmten uns. Es war eine lange Arbeit, die unser Leben so völlig beanspruchte, daß wir zuweilen darüber erschraken. Dann trat, ohne daß darüber ein Wort gewechselt wurde, eine plötzliche Wendung ein, und wir hörten auf, uns zu treffen.

Unsere Liebe zielte bereits zu hoch, als daß sie der Eitelkeit noch Raum gewähren konnte. Unsere Gründe waren die besten. Das gegenseitige Vertrauen bestand, aber wir brauchten diese Abstände, um mit uns selbst ins reine zu kommen, uns davon zu überzeugen, daß wir über unsere Zukunft noch frei entscheiden konnten, in unseren Handlungen und Neigungen unabhängig waren. Wir trafen uns ohne sichtbare Erregung wieder; beruhigt, daß wir unverletzbar schienen. Wie gern hatte ich diese Distanz, die wir hielten!

Unsere Begegnung hätte auch nur ein wunderbarer Augenblick sein können, eine schöne, ungefährliche Erinnerung, die unsere Lebensbahnen nicht im geringsten hätte zu ändern brauchen. Nichts ist weniger abenteuerlich als ein Abenteuer. Man gibt dabei nichts Wesentliches und glaubt, sich so zu bewahren, tut das aber so schlecht, daß man sich mit jedem neuen Abenteuer durch die ständige Verwendung von unangebrachten Worten und Gesten allmählich abnutzt, so wie ein Stoff durch das Alter fadenscheinig wird, noch bevor er seinen Zweck erfüllt hat.

XIV

Am Tage deiner Beerdigung, als ich vom Friedhof kam, habe ich gewußt, daß ich oft dorthin zurückkehren würde. Ich hätte dieselbe sein und dich genauso lieben können, ohne ihn je wieder zu betreten. Während ich am ersten Abend die Fensterladen schloß, erblickte ich den mondlosen Himmel, unendlich, erdrükkend. Ich war allein auf der Erde. Ich wünschte, die ziehenden Wolken hätten mich davongetragen. Ich zog die Vorhänge zu, so wie ein Tier sich in sein Loch verkriecht. Ich durfte weder den Himmel mehr betrachten noch sonst etwas, was mir lieb war. Wie würde ich nur den Anblick der Kinder ertragen? Seit drei Tagen hatte ich nicht mehr an sie gedacht.

Am nächsten Tag ging ich, um dich wiederzutreffen. Ein unsinniges Treffen, ein Monolog mehr. Ich befand mich außerhalb der Wirklichkeit, ohne in sie eindringen zu können. Alles zu wiederholen führte zu nichts. Da war dein Grab, es lag vor meinen Augen, ich berührte die Erde, und unwillkürlich bildete ich mir ein, du würdest kommen, ein wenig verspätet, wie immer, ich würde dich bald neben mir fühlen, und wir würden zusammen dieses kaum geschlossene Grab betrachten.

Ich konnte mir noch so oft sagen, der Tote seist ja du, die Täuschung begann von neuem. Du kamst nicht, aber du erwartetest mich im Auto, und eine unsinnige kleine Hoffnung, deren Unsinnigkeit mir bewußt war, überkam mich.

»Sicher wird er im Wagen sein.« Und als ich den Wagen leer fand, wehrte ich mich immer noch, als wollte ich mir noch eine kleine Frist gönnen: »Er geht auf dem Hügel spazieren«, redete ich mir ein. Ich ging wieder zum Haus hinunter, und während ich mit Freunden sprach, hielt ich auf der Straße nach dir Ausschau, obwohl ich wußte, daß es vergebens war.

An jenem Abend kehrte ich nach Paris zurück. Mir war, als ließe ich dich im Stich. Seit du vor drei Wochen auf der Trage durch den langen weißen Flur davongefahren warst, hatte ich nichts anderes getan, als dich Stufe für Stufe deinem Schicksal zu überlassen, ich war dir gefolgt, hatte dich so weit wie möglich begleitet, war aber in der Welt der Lebenden geblieben, während du dich entferntest, ohne es zu wissen, und ich in deinen Augen und in deinem Lächeln deinen Abschied las.

Im nächsten Sommer bin ich wiedergekommen. Die ersten Ferien ohne dich. Paris hatte ich bei drückender Hitze verlassen. In der Morgendämmerung sah ich Hügel, Zypressen und Weinberge vorbeigleiten, das Meer, das aus dem Nebel emporzutauchen schien und kaum vom Himmel zu unterscheiden war. Wieder die gleiche Farblosigkeit, das flimmernde Licht. Und ich begriff, daß ich mich, ohne es mir einzugestehen, auf ein neues Wiedersehen vorbereitete, daß dieser dumpfe Gedanke mich zur Rückkehr veranlaßt hatte. Dieselben Widersprüche erhoben sich in mir: Dich fliehen und dich suchen, aus einem Friedhof unseren Treffpunkt zu machen und zu sagen oder zu glauben, daß du von nun an nur in der Erinnerung und in unseren Kindern weiterleben würdest. Meiner Vernunft zum Trotz ging ich einem Bilde von dir nach, von dem ich wußte, daß es nicht mehr existierte, das letzte, bevor schwarzgekleidete Männer dich in leichtes Tuch und in Blei hüllten. Es drängte mich zu dir, zu den beiden Bäumen und der Steineinfassung. Was konnte ich erhoffen?

Ich fuhr rasch, ungestümen Herzens. Es war herrliches Wetter, und die Kinder sangen. Lange war ich verwundert, das Haus noch unversehrt wiederzufinden. Ich hatte irgendein Wahnbild erhofft, ein Schlachtfeld, Ruinen, verdorrte Bäume, verbrannte Erde, kahle Rebstöcke; aber alles hatte seine unwandelbare Anmut behalten. Ich fand die Zikaden wieder, den Wind in der Platane, die rotgrünen Pinien, das hohe Gras, die vertrocknete Wiese, die Bougainvillea, die verwilderten Geranien, die üppig wuchernde Glyzinie. Keine Spur des Kampfes auf der Erde Vergils – wie ich sie nannte.

Ich würde die Welt nicht ändern, weil du nicht mehr auf Erden warst. Ich ließ die Kinder allein und stieg zu dir hinauf. Es war die Zeit des grellen Sonnenscheins, der die Blumen mordet. Die

Bäume waren gewachsen, die Erde eingesunken. Lange hatte ich an die Stille der Friedhöfe geglaubt. Wir waren gerne nach Auvers gegangen, um die Gräber van Goghs und Théos zu besuchen. Wir liebten den Efeu, der sie bedeckte, wir sagten, wie ruhig und heiter ein Friedhof sei, wie wohl es tue, nach Hause zu kommen, die Wärme des Feuers zu spüren, wenn der Tag versinkt, und zu zweit den Mond aufgehen zu sehen, die Fledermäuse zu hören und voll Vertrauen auf die Stille zu lauschen. Aber als ich dir an diesem Tag gegenüberstand waren der blaue Himmel, die fast schwarzen Zypressen, die leichte Brise nur eine Kulisse. Mein Blick drang zu den verborgenen Dingen vor, dem unterirdischen, unmenschlichen Leben, wo jeder allein, du ebenso wie die anderen, einen Meter von mir entfernt, vermoderte.

Wie viele Jahre brauchte es – sicherlich mehrere hundert –, bis die natürlichen Substanzen, aus denen du dich zusammensetztest, in die Erde eingingen und du wieder zu Staub würdest, zum Salz der Erde – ein paar Handvoll Sand, den später ein Mensch durch seine Finger rinnen lassen würde, wie wir es gern getan hatten, wenn wir mit geschlossenen Augen und ausgebreiteten Armen, das Gesicht zur Sonne gewandt, ausgestreckt dalagen, während unsere Hände eine Sanduhr nachahmten und die Feinheit des Sandes, seine sanfte, lebendige Wärme spürten.

Wie einen Sternenregen stellte ich mir die Milliarden von Zellen vor, die zusammen das geliebte Wesen bildeten, das sich genau so nie wiederholen würde. Plötzlich fühlte ich, wie ich zur Vernunft kam. Es gab kein Wiedersehen. Es gab mich, die ich allein vor dir, dem Toten, stand, vor der Leere. Deine Stimme konnte ich zum Leben erwecken, konnte unsere Gespräche wieder hören, deine Gesten wieder sehen, ich konnte auch die Gegenwart erfinden, ein erdachtes Zwiegespräch führen, aber eigentlich hatte ich nichts von dir zu erwarten. Das war die Wirklichkeit. Du warst von der Welt abwesend, und das für alle Zeiten. Eine leise, mitleidlose Stimme, die ich gut kannte, sagte mir immer wieder: »Leb oder stirb, aber entscheide dich; man muß sich entscheiden können.«

An jenem Tag hatte ich das Gefühl, nicht für die Seelenruhe geschaffen zu sein; vielleicht würde ich sie morgen wiederfinden in zehn Jahren oder nie. Als ich zurückkam, sah ich von der Straße aus, wie die Kinder sich vergnügten. Sie hatten ihre Spielsachen wieder hervorgeholt und stellten den kleinen weißen Tisch auf. Sie bereiteten sich auf den Sommer vor. Ich war nahe daran, ihre Freude zu zerstören und sie dort hinzuführen, damit sie wüßten, daß es keine Gerechtigkeit gibt, aber ich beherrschte mich und machte mit ihnen den gewohnten Spaziergang. Die jungen Rebstöcke waren seit einem Jahr gewachsen, einige trugen bereits die ersten Trauben.

Alles ging weiter. Wieder einmal – doch ich wußte, daß ich noch oft versagen würde – beschloß ich, ebenfalls weiterzumachen: eine kluge Pflanze zu sein, mich dem Rhythmus der Jahreszeiten anzupassen, tief zu atmen, »ja« zu sagen, mein Herz schlagen zu hören. Die Kinder waren zärtlich, beide nahmen mich bei der Hand, ich befürchtete, sie hätten meine Verwirrung bemerkt. Ich fühlte mich verantwortlich und somit für heute gerettet. Ich schlug vor, eine Geschichte zu erzählen, aber was für eine?

»Erzähl uns die Geschichte von dem kleinen Stier.« Und ich erzählte die Geschichte von dem kleinen schwarzen Stier, der glücklich bei seiner Mama in der Camargue lebte und den eines Tages die Menschen zu einem Stierkampf holten.

»Er wird doch aber nicht sterben?«

»Nein, ganz bestimmt nicht, er wird alle Widerstände besiegen.«

»Wenn es ganz sicher ist, daß er nicht stirbt, dann laß ihn große Gefahren durchmachen.«

Ich erklärte genau, wie er es fertiggebracht hatte, nicht von dem Stierkämpfer getötet zu werden. Er war klug, gewitzt, er kannte die Uhr und wußte, daß er nach fünfzehn Minuten Kampf mit dem Leben davonkäme. Er hatte tapfer gekämpft, ohne jemand an sich herankommen zu lassen, er hatte begriffen, daß der todbringende Degen unter der roten Capa versteckt war. Alle Leute lachten, weil er die Listen des Menschen vereitelte, und als die Zeit um war, erhob sich in der Arena ungeheures Beifallsgeschrei. Die Menge stand auf und rief: *»Viva el toro!«* Noch am selben Abend ging er nach Hause. Zum erstenmal kehrte ein Stier von einem solchen Abenteuer zurück. Er wurde begrüßt wie ein Held, und natürlich heiratete er und hatte viele Kinder.

Die Kinder lauschten. Wir liefen nicht weiter und setzten uns, zufällig wieder auf den gewohnten Baumstumpf. Ich beherrschte inzwischen die Kunst, zwei Gedanken gleichzeitig nachzugehen; ich hörte mich sprechen – freilich war ich es –, aber so verstümmelt durch deine Abwesenheit, daß ich mich kaum wiedererkannte. Das Land ringsum war von unbeschreiblicher Schönheit. Blitzlichter zuckten in der Sonne auf, als sei der Himmel nur dazu da, den Bildern, die ich beschwor, als Leinwand zu dienen, ein zärtliches und grausames Feuerwerk, das sich in der Luft verlor, oder überscharfe Blitze, die wie Bruchstücke von dir in mich einschlugen, ohne mir das Leben zu nehmen. Wie eine Hand haschte mein Blick nach einem Lächeln, einem gleichgestimmten Schritt, mit dem dein linkes und mein rechtes Bein sich gleichzeitig zur Erde streckten, meine offenen Arme, mit denen ich dich an der Türschwelle empfing, die Art, wie du den ersten Lufthauch unserer Ferien bewußt einatmetest, so als wolltest du verkünden: »Hier und jetzt beginnen unsere Ferien.« Du warst eine unvollendete Fuge, eine unterbrochene Arabeske. Ich sah dein Werden unterbrochen und ersetzt durch ein: »Er ist gewesen.« Träumerisch konjugierte ich das Verb »sein«: »Ich bin eine glückliche Frau, du bist ein glücklicher Mann . . .«

Die Geschichte war zu Ende. Die Kinder sind weggegangen. Schön und zart wie Verheißungen sah ich sie laufen, zwei junge Leben, für die ich verantwortlich war und die es in einen noch ungewissen Hafen zu führen galt. Würde ich ihnen die Schwierigkeiten ersparen können, die wir gekannt hatten? Und sollte man das? Kam es nicht darauf an, daß sie genug Kraft, genug Liebe in sich hätten, um es mit dem Leben aufzunehmen und diesen Kampf zu lieben? Die Zeit ihrer Reife würde rasch kommen, ich glaubte sie schon vor mir zu sehen. Ich entwarf ein Bild voller Glück und Gnade; vielleicht täuschte ich mich, aber es tat wohl, sich diese Freude zu gönnen.

XV

Die Ferien vergingen, erfüllt vom Lachen der Kinder. Wieder schlug ich die Wege zu den gleichen Badeplätzen und den gleichen Felsen ein, den Eingebungen des Tages gehorchend, wie wir es früher getan hatten. Nur einen Weg betrat ich nie wieder. Schilfrohre, die sich fast berührten und die der Wagen beim Vorwärtsfahren zurückbog, säumten ihn zu beiden Seiten. Das Geräusch der langen Halme an den Wagenwänden entzückte die Kinder; sie reckten sich möglichst hoch, um einige davon zu erwischen; wir fuhren langsam, aus Angst davor, daß sie sich schnitten. Es war das Abenteuer, der Urwald am Ufer des Meeres. Kaum waren sie aus dem Auto, zogen sie sich aus, liefen über den glühenden Sand und schwenkten die Schilfhalme wie Lilienbanner. Sobald das reglose Meer ihre Füße berührte, warteten sie auf uns. Das erste

Bad des Tages war das geräuschvollste. Wir wirbelten Wassergarben auf. Du nahmst ein Kind nach dem anderen und warfst es hoch in die Luft, um es gerade in dem Augenblick aufzufangen, wenn es die Wasserfläche berührte. Sie kreischten vor Vergnügen: »Noch einmal, noch einmal, jetzt komm ich dran.« Doch bald fühltest du dich erschöpft. »Noch ein einziges Mal«, bettelten sie, und du sagtest: »Ja, jeder noch einmal, und dann ist Schluß.«

Ich höre noch ihr Lachen, das sie fast ersticken ließ und nur für den Bruchteil einer Sekunde abbrach, wenn sie wie ein Ball allein in der Luft schwebten und den Atem anhielten, dem kleinen Angstgefühl ausgeliefert, das Kinder suchen und gerne empfinden, wenn sie sich geborgen fühlen.

Danach spielten sie allein weiter, während wir uns, der Sonne hingegeben, auf dem hellen Sand ausstreckten. Langsam beruhigten sie sich, aber bald hörten wir einen Siouxschrei, mit dem sie zum Bau einer Hütte aufriefen, die nie fertig wurde, ein schilfumkränztes Loch mit einem Handtuch darüber und zur Zeit ihrer Blüte mit Strandlilien geschmückt. Heute trage ich sie auf dein Grab.

Während der ersten Hälfte des Sommers führte ich ein unwirkliches Doppelleben. Noch nie hatte ich so gespürt, wie wohltuend die Liebkosung der Sonne und des Wassers, der Salzgeruch auf der Haut ist. Ich wartete auf das Ende des Tages, um zu dir hinaufzugehen. Es war kein Wiedersehen mehr, ich kam, die Erde zu betrachten, die dich bedeckte, und die Bäume, die dich mit ihren Wurzeln umfingen. Ich begoß die jungen Pflanzen und den noch zarten Efeu, die die Sonne versengte. Die Erde trank das Wasser mit einem fast menschlichen Laut.

Ich ging nach Hause. Die Kinder, fordernd, empfänglich und übermütig, verschlangen mich förmlich. Ich ließ sie gewähren, es tat gut, sie liebten mich, sie waren das Leben. Ich hatte Hunger, ich fand wieder Geschmack am Essen, aber der allzu schönen Nacht kehrte ich den Rükken. Ich wußte, daß hinter den Fensterladen das fließende Mondlicht die Schirmpinien, das kleine Tal und die grünen Eichen überflutete. Ich hatte Lust, hinaufzugehen, um mich neben dir auszustrekken. Ich war meiner selbst nicht sicher genug, um es zu tun. Ich las.

Gegen Ende des Sommers war dein Grab mir vertraut geworden. Ich konnte oft daran denken, wenn ich ihm fern war, und manchmal mit scheinbarer Ruhe. Ich beobachtete das Wachsen der Bäume. Ich wußte, wann sie über die Mauer hinausragten und ihre Wipfel das Meer sahen. Ich weiß, wie ihre Schatten über dir spielen, und weiß, welche Winde sie streifen. Wo ich auch bin, höre ich, wenn ich will, die Geräusche der Straße, das Echo des Dorfes, das Toben des Mistrals, die langen Böen des Ostwindes, den Regen, das Kreischen des eisernen Tores, das ein Besucher aufstößt. Ja, ich kenne alle Geräusche, die sich über dir sammeln. Und ich weiß, wann die Vögel kommen und das Wasser von den Blumen trinken.

XVI

Monate, Jahre vergehen, die Jahreszeiten kehren wieder. Wieder ist Frühling. In der reglosen Luft trifft er mich in Wellen. Er gibt mir Kraft und Hoffnung und nimmt sie mir wieder. Leicht oder schwer dringt er bis ins Mark. Ein Stückchen Frühling in der plötzlich lau gewordenen Luft, ein Vogelgezwitscher, eine sich öffnende Knospe am Baum in unserem Hof, das Geräusch des Regens, ein Auflachen, das durchs Fenster zu hören ist – das genügt, alles wieder in Frage zu stellen.

Die Ruhe, die ich gefunden zu haben glaubte, die Weisheit, auf die ich stolz war, die gefaßten Entschlüsse, die hingenommene Wirklichkeit, das besänftigte Aufbegehren, der gelinderte Schmerz, all meine schönen Festungen sind nur noch Sand. Der Wirbelsturm ist da, der schlummerte, bereit, über mich herzufallen, sowie der Himmel milder würde und die ersten grünen Triebe an den Bäumen schimmerten.

»Es ist Frühling, ich ziehe weiße Socken an, alle meine kleinen Freundinnen tragen welche!« ruft meine Tochter mir zu.

Ja, das Tier ist ganz lebendig, es wittert, es weiß, sein Gefühl trügt nicht. Meine Vernunft vermerkt die Beziehungen zwischen Ursache und Wirkung, aber sie kann nicht verhindern, daß ich erbebe. Der Körper lügt nie, er versteht es, wieder zur Ordnung zu rufen. Ich fühle mich matt, von Müdigkeit überkommen. Ich überwinde meine Erstarrung, um aus Auflehnung in Kummer zu verfallen. Es ist empörend, daß du nicht da bist. Oft sehe ich zwei alte Frauen vorübergehen. Sie brauchen fast eine Stunde für das kurze Stück der Straße, das ich überblicke. Die eine ist tief nach vorn gebeugt, die andere stützt sie; sie gehen, ohne jemanden zu sehen, ohne ein Wort zu sprechen, mechanisch, zwei schwarzgekleidete Aufziehpuppen mit grauen Gesichtern, auf denen man nicht einmal mehr lesen kann, was gewesen ist. Wissen sie noch, daß es den Frühling gibt? Diese Folge von Gesten, die sie vollziehen, ihre klopfenden Herzen – genügt das, von Leben zu sprechen? Und vielleicht hängen sie mehr am

Leben als der schönste Jüngling, der bereit ist, für das, was er liebt, zu sterben, und mehr als der schöne junge Mann, der du gewesen bist und der gesagt hat: »Ich möchte in Schönheit sterben.«

Der Frühling tut weh. Ich möchte ihn um Gnade bitten. Jedes Jahr hoffe ich, daß ich entweder bereit sein werde, ihn zu erleben, oder vergessen habe, wie er ist. Bin ich denn nicht einen Schritt weitergekommen? Bin ich wie das Eichhörnchen auf seinem Rad im Käfig gefangen? Und wenn ich seit deinem Tode zusammengekauert im Bett geblieben wäre, wäre dann nicht alles schlimmer geworden?

Die linde Luft weckt Gedanken an das Gewesene und an das, was wäre, wenn du da wärest. Ich weiß, daß diese Träumerei nur Unfähigkeit ist, der Gegenwart zu leben. Ich lasse mich von der Strömung forttragen, ohne zu weit voraus oder zu weit in die Tiefe zu blicken. Ich warte auf den Augenblick, in dem ich wieder Kraft finde. Er wird kommen. Ich weiß, daß das Leben mich noch in seinem Bann hat. Ich will mich retten, nicht mich von dir befreien.

Aus 40 Jahren
Ein Volk und Welt-Lesebuch

Band 1: 1947–1963
Band 2: 1964–1986

Herausgegeben von Gerhard Böttcher und Dietrich Simon
Mit 84 Autorenfotos, ausgewählt von Hans-Joachim Petzak
Zusammen 926 Seiten sowie 32 Seiten Fotos
Leinen im Schuber · 34,00 M

Auf nahezu tausend Seiten ermöglicht dieser Jubiläumsalmanach nicht nur eine Wiederbegegnung mit Werken von fast 100 Schriftstellern und Dichtern aus insgesamt 36 Ländern. Viele Leser werden Neues kennenlernen und den einen oder anderen Autor für sich entdecken: Denkanstöße und Lesevergnügen halten alle hier vereinten Texte bereit. Zugleich wird zum Blättern und Betrachten angeregt, denn neben den literarischen Arbeiten finden sich zahlreiche Autorenfotos und Anmerkungen zur Editionsgeschichte des Verlages. Prosa, Lyrik, Dramatik, Essayistik, Aphoristik und Reportage fügen sich zu einem mosaikartigen Bild der modernen Weltliteratur, die seit 1947 von Volk und Welt herausgegeben wird.

Neuerscheinung

Verlag Volk und Welt Berlin

BOHUMIL HRABAL

Das Haaropfer

Erzählung
Aus dem Tschechischen von
Karl-Heinz Jähn
Mit Illustrationen von Hans Ticha
152 Seiten · Pappband · 7,80 M

Eine verschlafene böhmische Kleinstadt der zwanziger Jahre wird zum Schauplatz turbulenter Ereignisse, deren Urheberin des Herrn Brauereiverwalters schöne Frau Marie ist. Sie versetzt mit ihren Tollheiten das Städtchen in immer neue Aufregung, bis sie – symbolisch ihr herrliches langes Haar opfernd – Abschied von der Jugend nimmt. Nie wieder wird sie auf Schornsteine klettern, nie wieder einem Hund den Schwanz abhacken. „Ich habe mich von der Malerei Chagalls inspirieren lassen", erklärte der 1914 geborene tschechische Schriftsteller Bohumil Hrabal zu seinem Buch, „ich habe seine Poetik mit einem verinnerlichten Modell der Sehnsucht angefüllt, die es mir erlaubt, mich in eine junge Frau zu verwandeln und mit der Taschenlampe der Imagination in die Vergangenheit zu leuchten".

In Ihrer Buchhandlung erhältlich

Verlag Volk und Welt Berlin